Robert TRIGER

LOURDES

1872 = 1907 = 1908

Impressions et Souvenirs

(CONFÉRENCES POPULAIRES)

LE MANS

IMPRIMERIE MONNOYER

12, PLACE DES JACOBINS, 12

1909

LOURDES

Robert TRIGER

LOURDES

1872 = 1907 = 1908

Impressions et Souvenirs

(CONFÉRENCES POPULAIRES)

LE MANS

IMPRIMERIE MONNOYER

12, PLACE DES JACOBINS, 12

1909

1872-1908

———

Pendant trente années d'une carrière marquée déjà par de nombreuses publications, nous nous étions fermement promis de ne jamais rien écrire sur Lourdes.

Le sujet nous paraissait épuisé, et surtout il avait été traité par tant d'écrivains distingués que nous considérions comme une témérité, ou même comme une banalité littéraire, d'y revenir.

Et cependant, voici, depuis un an, la deuxième brochure sur Lourdes que nous offrons à nos amis du Maine !

Cette contradiction est facile à expliquer.

Pendant trente années, nous n'avions pas observé par nous-même les merveilles de Lourdes.

Depuis un an, nous les avons consciencieusement étudiées et nous ressentons en quelque sorte le besoin de dire, en témoin loyal, ce que nous avons vu et éprouvé.

Notre première brochure, relative aux fêtes des 10 et 11 février 1908, a eu un succès inattendu.

Si nous n'écoutions que l'amour-propre d'auteur, certes, nous nous en tiendrions là. Il est souvent difficile de réussir également deux fois de suite.

Mais, d'amicales instances et le désir de faire connaître plus complètement les grands jours de l'année du Cinquantenaire nous ont amené, cet hiver, à résumer devant des auditoires populaires les nouvelles impressions rapportées des fêtes d'août et de septembre.

Ces *Conférences populaires* ont été accueillies, à deux reprises, avec d'encourageantes sympathies et suivies avec un très bienveillant empressement.

Nous nous décidons à les publier encore... dans le seul espoir qu'elles détermineront peut-être quelque lecteur à examiner plus attentivement ce que la Vierge Immaculée accomplit à Lourdes.

Malgré le regret d'avoir à nous mettre aussi directement en cause, nous leur laissons leur forme primitive de souvenirs personnels, et pour mieux dire de « *Mémoires* ».

Ce n'est, en effet, ni une œuvre littéraire destinée au « grand public », ni une œuvre d'édification pieuse, que nous nous proposons.

Nous cherchons simplement à faire partager à des compatriotes et à des amis — même à ceux qui n'ont pas nos croyances — des convictions sincères et raisonnées.

Dès lors, pour justifier ces convictions et sous peine de ne produire qu'une compilation sans portée, il fallait bien livrer nos impressions telles que les circonstances et notre caractère même nous les avaient fait ressentir. Il fallait bien aussi les reprendre au point de départ, et montrer comment par un enchaînement d'épisodes personnels, tantôt émouvants, tantôt imprévus et joyeux, nos idées s'étaient peu à peu formées.

Ce « chapitre de *Mémoires* » sera tout au moins un « *récit vécu* », et on y trouvera une déposition scrupuleusement fidèle, qui n'est point copiée sur d'autres.

Robert Triger
Les Talvasières, près Le Mans
25 mars 1909.

AUX OUVRIERS CHRÉTIENS

DE

PONTLIEUE ET DE SAINT-PAVIN DU MANS.[1]

I.

C'est au mois d'août 1872, Messieurs, que j'ai vu Lourdes pour la première fois.

J'étais bien jeune : j'avais seize ans et demi, et c'était mon premier voyage, récompense d'une bonne année de travail (2). Ce voyage m'a laissé d'ineffaçables souvenirs... Je le faisais en famille, entouré de douces affections et sous le charme du livre célèbre d'Henri Lasserre, que nous venions de lire avec un extrême intérêt.

En 1872, Lourdes était encore le vieux Lourdes de Bernadette.

Modestement groupée au pied de son château du moyen

(1) Conférences faites dans le quartier de Pontlieue le 10 décembre 1908, et dans le quartier de Saint-Pavin, le 4 mars 1909. A Saint-Pavin, la conférence fut accompagnée du chant de plusieurs cantiques de Lourdes fort bien enlevés par la *Schola* paroissiale, sous la direction de M. l'abbé Pissot, et de projections comme toujours habilement exécutées par M. l'abbé Corbin. (Clichés de M. M. Corbin, Dupont et Loudière).

Nous prions MM. les curés de Pontlieue et de Saint-Pavin, organisateurs de ces conférences, ainsi que leurs très obligeants collaborateurs, d'agréer l'expression de nos remerciements.

(2) Année de rhétorique au Lycée d'Alençon.

âge, la ville ne dépassait pas l'hôtel de la Grotte, le princi-
pal hôtel alors. Pas une maison ne s'élevait au-delà du Gave.
La basilique du Rosaire, l'esplanade, le boulevard, le pont
Saint-Michel n'existaient pas : seule, la basilique supérieure
venait d'être terminée. Bien que reculé une première fois
déjà, le Gave coulait plus près qu'aujourd'hui des roches
Massabielle et les prairies qu'il traverse conservaient leur
aspect champêtre de 1858.

Débarqués en gare le 17 août, à une heure tardive, nous
arrivâmes à la Grotte par un beau clair de lune. Quelques
rares pèlerins seulement y priaient dans un recueillement
profond. A part le murmure du Gave, aucun bruit ne trou-
blait le silence de la soirée et des rayons de lumière, d'une
douceur infinie, jetaient sur le rocher une mystérieuse
poésie.

Après trente-six années, je n'ai point oublié l'émotion in-
tense que nous éprouvâmes en cet instant, le saisissement
que nous causa la statue de l'Immaculée se détachant, au
milieu du lierre et des églantiers, comme une blanche appa-
rition.

Le lendemain, nous fûmes témoins d'une guérison, et bien
que, faute de documents, je ne prétende nullement me prononcer sur le caractère de cette guérison déjà vieille, je ne
puis me défendre de vous rappeler la singulière réflexion
qu'elle me valut.

La guérie, une jeune fille infirme de mon âge, venait de
sortir de la piscine en sautant joyeusement et en lançant en
l'air ses béquilles. Tous les pèlerins présents — quelques
centaines d'hommes du midi — se précipitaient sur ses pas,
au chant émouvant du *Magnificat*, pour la conduire à la basilique qu'on ne pouvait atteindre encore que par les lacets.
Avec la fougueuse ardeur de mes seize ans, je jouai des
coudes jusqu'à ce que je fusse parvenu au premier rang, aux
côtés mêmes du père de la jeune fille, un brave travailleur
des environs de Pau.

D'une certaine indépendance d'esprit par éducation universitaire, je tenais à me rendre compte par moi-même ; je l'interrogeai curieusement sur l'infirmité et la guérison de sa fille.

Or, pendant tout le trajet, je ne pus lui arracher que cette réflexion, qu'il répétait sans cesse dans son ahurissement : « Oh ! Monsieur, *je n'ai pas de chance !* Je ne croyais pas « qu'elle serait guérie, je ne voulais pas l'amener à Lourdes, « et *j'ai dépensé inutilement tant d'argent chez le médecin et* « *chez le pharmacien !* Oh, Monsieur, si j'avais su, comme je « serais venu bien plus tôt ! »

Le sentiment, certes, n'avait rien de mystique et les regrets étaient d'un naturalisme absolu. Dans leur naïveté, ils me firent plus d'impression que des élans de piété et de reconnaissance envers la Vierge. Cet ouvrier incrédule, qui pleurait son argent en face de la guérison de sa fille, ne pouvait assurément être un comédien assez roué pour trouver un « effet » de cette force. De son matérialisme même, il fallait bien conclure à sa bonne foi.

A notre retour dans la Sarthe, le premier pèlerinage diocésain du Mans allait partir pour Lourdes, et cette circonstance devait nous procurer une confirmation inattendue des impressions que nous rapportions.

L'Evêque du Mans, à cette date, était le vénérable Mgr Fillion, prélat d'une science éclairée et d'une prudence extrême. Ne pouvant accompagner lui-même ses diocésains, il ne voulut pas les laisser partir sans se renseigner une dernière fois, et d'une manière décisive, sur Bernadette devenue sœur Marie-Bernard, alors au couvent des Sœurs de la Charité de Nevers.

Dans ce but, il eût recours à un vieil ami d'Alençon, le Dr Damoiseau, qui connaissait le président de la Société des médecins de la Nièvre, le Dr Robert Saint-Cyr, et c'est en réponse à la demande de Mgr Fillion que M. Damoiseau lui transmit la lettre, depuis longtemps fameuse, du Dr Robert Saint-Cyr, qui constitue l'un des témoignages les plus éclatants et les plus autorisés en faveur de Bernadette.

Par suite d'amicales relations avec Mgr Fillion et le Dr Damoiseau, cette correspondance passa par l'intermédiaire de ma famille, et il se trouve qu'aujourd'hui je possède dans mes archives personnelles, très vraisemblablement l'original même de la précieuse lettre du Dr Robert Saint-Cyr ; en tout cas le texte manuscrit, d'une authenticité indiscutable, communiqué à Mgr Fillion par M. Damoiseau, ainsi que la lettre *autographe* de remerciements de l'Evêque du Mans.

Je m'estime heureux, Messieurs, de pouvoir vous présenter, comme préface de notre causerie, ce document de premier ordre pour l'histoire de Lourdes, et, bien qu'elle ait été publiée déjà, de vous donner lecture de la lettre du docteur Robert Saint-Cyr, sur le texte manuscrit primitif (1).

*A M. le Dr Damoiseau, président de la Société
des médecins de l'Orne.*

Nevers, le 3 septembre 1872.

Mon cher Confrère,

« Vous ne pouviez mieux vous adresser pour recevoir sur la jeune fille de Lourdes, aujourd'hui sœur Marie Bernard, les renseignements que vous désirez.

« Médecin de la Communauté, j'ai donné des soins pendant longtemps à cette jeune sœur dont la santé très délicate, nous [a donné] (2) de vives inquiétudes. Aujourd'hui cet état

(1) Faute d'avoir pu le comparer jusqu'ici avec un autographe certain du Dr Robert Saint-Cyr, nous croyons prudent, malgré toutes les apparences, de ne pas affirmer sans réserves que notre texte est réellement de sa main, mais il est tout au moins une copie scrupuleusement fidèle, de la main du Dr Damoiseau. Le Dr Damoiseau est mort à Alençon, il y a quelques années : plusieurs membres de sa famille habitent aujourd'hui Le Mans.

(2) Nous imprimons ici *entre crochets* les mots modifiés et les passages supprimés dans les textes de cette lettre publiés par Henri Lasserre (*Bernadette*, 3e édition, Palmé, in-12 1879, p. 306), et par M. Georges Bertrin (*Histoire critique des évènements de Lourdes*, 15e édition, Paris, Lecoffre, 1907, in-8° p. 363).

s'est amélioré, et de malade, elle est devenue mon infirmière, s'acquittant dans la perfection de sa besogne.

« Petite, d'apparence chétive, elle a 27 ans [on lui en donnerait 15]. Nature calme et douce, elle soigne ses malades avec beaucoup d'intelligence et sans rien omettre des prescriptions faites. Aussi jouit-elle sur elles d'une grande autorité et de ma part d'une entière confiance.

« *Vous voyez, mon cher Confrère, que cette jeune sœur est bien loin d'être aliénée* (1). Je dirai mieux, *sa nature calme, simple et douce ne la dispose pas le moins du monde à glisser de ce côté.*

« Je suis heureux, mon cher Confrère, de cette occasion de causer avec vous et de vous être agréable en vous fournissant les [documents] demandés. [J'espère faire plus ample connaissance avec vous lors de notre réunion générale ; en attendant, recevez l'assurance de mon entier dévouement] ».

ROBERT SAINT-CYR.
Président de la Société des Médecins de la Nièvre.

Mgr Fillion à M. le Dr Damoiseau.

EVÊCHÉ

DU MANS

Le Mans, le 24 septembre 1872.

« Mon cher ami,

« Je m'empresse de vous exprimer ma reconnaissance pour l'envoi que vous avez bien voulu me faire de la lettre du Président des Médecins de la Nièvre et de l'intéressante brochure de M. Artus (2).

(1) Dans une conférence publiée par l'*Union médicale* du 27 juin 1872, le Dr Voisin, médecin de la Salpétrière, venait d'insinuer faussement que *Bernadette était une hallucinée et qu'elle était enfermée au couvent des Ursulines de Nevers.* La presse anti-cléricale en avait aussitôt profité pour dire que le pélerinage de Lourdes avait pour origine une *folie* et une *folle* qu'on *tenait rigoureusement enfermée !*

(2) E. Artus, *Défi à la libre pensée sur les miracles de Lourdes.* M. E. Artus avait offert 10000 fr. déposés chez un notaire de Paris, à qu prouverait l'allégation du Dr Voisin. Le défi ne fut jamais relevé.

« A l'heure même où je vous écris, 1800 pélerins quittent la gare du Mans pour se rendre à Lourdes (nous en aurions eu bien davantage si l'on avait pu nous fournir des wagons). Si, au retour de ce pélerinage, la mauvaise presse attaque les apparitions de Lourdes, je me servirai de la pièce que vous m'avez communiquée (1).

« Veuillez agréer, mon cher ami, l'assurance de la vieille et d'autant plus sincère amitié avec laquelle je suis ».

Tout vôtre,
† CHARLES, Ev. du Mans.

II

Fait bizarre et même étrange, Messieurs : malgré les souvenirs que nous avait laissés ce premier voyage, malgré l'autorité qu'avait ajoutée pour nous, aux récits de Bernadette, la lettre décisive du docteur Robert Saint-Cyr, nous devions rester *trente-cinq ans* sans retourner à Lourdes !

Ce n'était, sans doute, ni scepticisme, ni indifférence. Mais les impressions de notre seizième année s'étaient peu à peu atténuées. Les hasards de la vie avaient fait successivement de nous un étudiant en droit, un soldat, un conseiller d'arrondissement et un archéologue. Entraîné tantôt dans l'étude du passé, tantôt dans les luttes ardues de la politique contemporaine, nous demeurions, par métier et par tempérament, absolument réfractaire au mysticisme, portant de préférence nos explorations vers les pays étrangers, vers l'Italie surtout, cette « terre promise » des archéologues.

Au mois d'août 1907 seulement, nous nous décidâmes à

---

(1) Le premier pélerinage diocésain du Mans à Lourdes (25-26 septembre 1872) fut présidé par M. le vicaire général Pierre-Antoine Dubois, chevalier de la Légion d'honneur, et formé de *trois* trains spéciaux. Voir *Pélerinage du Mans à Lourdes*, Le Mans, Leguicheux-Gallienne, 1872, br. in-8 de 70 pages, et G. Triger, *M. l'abbé Pierre Antoine Dubois*, Le Mans, Monnoyer, 1902, 1 vol. in-8.

repartir pour Lourdes et à nous y joindre pour la première fois au pèlerinage national.

Le motif déterminant de cette décision, avouons-le franchement, était moins un sentiment de piété qu'un sentiment *très français* et... *très laïque* d'opposition frondeuse.

D'une grande indépendance par traditions et par éducation, nous partions parce que le gouvernement était devenu hostile aux pèlerinages de Lourdes, parce que bon nombre de ses amis, à l'encontre de la vraie liberté de conscience, réclamaient leur interdiction.

Nous partions aussi avec l'agréable perspective d'un raid en Espagne, d'une excursion projetée depuis longtemps à Fontarabie et et à Saint-Sébastien.

Faussant donc compagnie sans scrupules aux pèlerins du Mans, nous prîmes les devants par les trains rapides et nous allâmes passer en Espagne notre première journée de voyage.

Elle fut délicieuse, cette journée du vendredi 16 août 1907.

Le matin, par un soleil radieux, nous visitâmes Fontarabie, l'une des vieilles cités les mieux conservées de l'Espagne ; dans l'après-midi, Saint-Sébastien, l'une de ses villes modernes les plus luxueuses, et nous y assistâmes à l'embarquement fort pittoresque de toute la société élégante, invitée ce jour-là à bord du yacht royal *Giralda*.

Nous eûmes cependant la conscience de rentrer en France dans la nuit, de manière à arriver à Lourdes en même temps que les pèlerins du Mans, le samedi matin 17 août.

Au cours de ce raid, nous avions si bien négligé les repas qu'aussitôt sur la terre de France, notre principale préoccupation avait été de déjeuner et de redéjeuner, une première fois au buffet de Pau, une seconde au buffet de Lourdes.

L'estomac ainsi satisfait, l'esprit libre de tout préjugé, notre léger bagage sur le dos comme jadis dans les rangs de notre joyeux régiment, nous crûmes de bon goût, avant de sauter en tramway pour gagner notre gîte, d'attendre au moins sur le quai de la gare nos compatriotes et de les saluer à leur débarquement. Faut-il ajouter tout bas — puisque nous faisons une confession complète — qu'en voyageur-amateur, nous escomptions aussi quelques sourires à l'aspect des ravages causés à certaines têtes par un trajet de dix-huit heures consécutives dans les « *cages à lapins* » de nos compagnies de chemins de fer ?

L'homme propose, Messieurs, mais à Lourdes la Vierge Immaculée dispose, et elle nous ménageait un début si peu banal qu'il mérite vraiment de vous être conté.

Dès que paraît le premier train, je me précipite au hasard à la portière d'un compartiment. C'est le compartiment de la très dévouée présidente du Comité du Mans.

A peine m'a-t-elle aperçu, qu'elle me salue de ces aimables mots : « Oh, Monsieur, c'est la Providence qui vous envoie « à mon secours. Chargez-vous, je vous prie, de ces demoi-« selles et de mes bagages, je cours à mes grands malades. »

Et l'excellente présidente disparaît aussitôt dans la foule, avec la rapidité d'une fée bienfaisante, me laissant en présence de deux jeunes filles et d'un respectable tas de petits colis.

Certes, j'étais loin de compter sur un tel héritage, et du coup mes égoïstes combinaisons de flâneur se trouvaient singulièrement déjouées.

Je ne m'en exécute pas moins de mon mieux.

Des deux jeunes filles, l'une est une malade, mais une malade qui marche, Dieu merci ! L'autre, très valide, est la fille d'un ami bien regretté. Je m'empresse de réquisitionner une voiture, d'y entasser les bagages, d'y faire monter mes compagnes et de leur demander où je dois les conduire ?

La malade, hélas, a oublié le nom de l'hôtel où elle doit rejoindre sa présidente. Quant à l'autre — la valide — elle m'avoue ingénuement qu'elle n'a pas retenu de gîte et qu'elle ne sait où aller !

J'en suis réduit à crier au cocher qui s'impatiente : « Droit devant nous, on va réfléchir en route. »

Par bonheur, la distance est longue de la gare de Lourdes à la ville.

A mi-chemin, au milieu d'un encombrement digne des embarras de Paris, nous heurtons une petite voiture chargée d'une infirme et traînée par un ecclésiastique de l'Orne, l'un de mes meilleurs confrères en archéologie et que je connais de bien vieille date.

La chaleur est accablante, l'infirme fort lourde, le pauvre abbé, tête nue et couvert de sueur, m'inspire une réelle compassion ! Je lui serre la main au vol, tout ému de son dévouement, et nous nous disons « à demain », car il ne peut s'arrêter sous peine de faire écraser sa malade.

Puis, le *guide* sous les yeux, je continue à énumérer à la mienne tous les hôtels de Lourdes, dans l'espoir de lui rafraîchir la mémoire. Le Saint-Esprit, enfin, vient à son aide. Elle retrouve le nom de l'hôtel de la présidente et nous y courons au plus vite.

Reste mon autre compagne que, faute de place, on ne peut recevoir dans cet hôtel. Sa situation est délicate. Elle deviendrait même embarrassante, si par un heureux hasard je ne retrouvais au fond de ma poche l'adresse d'une maison recommandée par M. le chanoine Laude et qui, dès lors, ne peut être que tout à fait respectable. En désespoir de cause je dépose ma demoiselle à la porte de cette honnête maison, et, ravi de retrouver mon indépendance, je m'enfuis précipitamment.....

Ce début de pèlerinage n'était pas d'une charité bien édifiante, mais vous conviendrez, Messieurs, qu'il ne manquait pas d'originalité.

La suite sera plus étonnante encore.

Le lendemain, dimanche 18 août, je rencontre sur l'esplanade, dès midi, mon abbé de la veille, tout rafraîchi, les mains dans les poches de sa soutane. Encore sous l'impres-

sion pénible qu'il m'a laissée, je m'empresse de lui demander ce qu'il a fait de sa malade et de lui reprocher amicale-
ment de s'éreinter à traîner un pareil colis.

« — Ma malade, me répond l'abbé avec sa placidité de
« normand, mais j'en suis débarrassé, elle est guérie. »

Je crois qu'il plaisante et je le fais répéter trois fois.

Impatienté, il finit par tendre le bras dans la direction des
escaliers du Rosaire, et me dit en me montrant un groupe
de pélerins :

« — Mais, regardez-donc. La voilà ! Elle va faire son
« chemin de croix ! »

Et c'était vrai, Messieurs ! La malade en question, une
religieuse de la Providence d'Alençon infirme depuis trois
ans, avait été guérie instantanément et bien guérie aux piscines, le matin même, l'une des premières du pèlerinage
national de 1907. Depuis cette époque je ne cesse en toute
occasion de demander de ses nouvelles. Je viens encore d'en
recevoir *à la date du 24 février 1909* : la guérison se maintient complète et incontestable (1).

(1) « *Sœur Marie Olympe*, de la Providence d'Alençon, âgée de 34 ans.
« (Nº 24 du *Registre du Bureau des Constatations médicales* pour l'année
« 1907). Ne pouvait depuis *trois* ans que se traîner péniblement à l'aide
« de deux béquilles, boitant et souffrant beaucoup d'une affection à la
« jambe gauche... A été guérie *subitement* à son second bain de piscine,
« le dimanche 18 août 1907, dans la matinée. Elle marche maintenant
« sans béquilles et ne boite plus. »

Voici maintenant les très intéressants détails que veut bien nous en-
voyer, à la date du 24 février 1909, c'est-à-dire *dix-huit mois plus tard*,
M. l'abbé Richer, aumônier de la providence d'Alençon, secrétaire de la
Société historique de l'Orne, le héros même de l'épisode :

« Sœur Marie-Olympe a 36 ans. Il y a cinq ans, elle fut prise d'une
« espèce de coxalgie. Elle fut obligée de garder le lit pendant plusieurs
« mois, puis elle se trouva mieux et put marcher, quoique difficilement.
« Au bout de trois ou quatre mois, sa hanche se déboîta plusieurs fois
« de suite. A peine remise, elle se déboîtait de nouveau au moindre
« mouvement. Il fallut de nouveau la remettre au lit pour ne plus le
« quitter. *Cela dura un an. Tout espoir était perdu.*

« Ses Supérieures résolurent alors de l'envoyer à Lourdes. Le jour de
« l'arrivée, je la conduisis dans sa petite voiture de la gare à notre hôtel

Quand les héros de telles aventures sont des personnes que l'on connaît, dont on ne peut suspecter ni l'honorabilité, ni la véracité, il ne reste, pour tout esprit loyal, qu'à s'incliner.

« situé près des halles, très loin de la Grotte par conséquent. C'est à
« ce moment que je vous rencontrai.

« *En la remontant le soir de la Grotte, j'eus tant de fatigue que je priai*
« *bien sincèrement et bien naturellement la Sainte Vierge de la guérir*
« *dès le lendemain, car je ne me sentais ni le courage ni la force de la*
« *traîner pendant les quatre jours du pèlerinage.*

« En remontant ainsi, je rencontrai, près de la photographie Viron,
« un de mes voisins d'Alençon qui eut pitié de moi et m'aida à traîner
« la sœur jusqu'à la hauteur de la rue du Bourg.

« Le lendemain matin, dimanche, je la conduisis aux piscines.

« Après la messe, j'allai pour la voir. Elle n'était plus là, elle était
« devant la Grotte. Je demandai de ses nouvelles à sa compagne : « Elle
« vient d'être guérie à la piscine, me répondit celle-ci, mais les bran-
« cardiers l'ont remise dans sa voiture *pour qu'elle ne soit pas écrasée*
« *par les curieux.* »

« Je l'emmenai quelques instants après au Rosaire. Arrivé à la réserve
« des brancardiers, je lui dis : « Puisque vous êtes guérie, vous pouvez
« bien aller toute seule ». Elle se leva aussitôt et alla au Rosaire en-
« tendre la grand'messe.

« A ce moment arriva M. Boulant qui m'avait aidé la veille. Me
« voyant avec la voiture vide, il me dit : « Et la sœur ? — Regardez-
« la », lui dis-je. Elle montait les marches du Rosaire — « *C'est épa-*
« *tant, épatant !* » Il ne trouva pas d'autre mot.

« Un peu après, vous arriviez et me posiez la même question.

« Le lendemain matin, nous avons fait le Chemin de Croix *en redes-*
« *cendant par les Espelugues.* Le mardi, *nous avons visité le fort et*
« *monté jusqu'à la plus haute marche du donjon.* Enfin elle est revenue
« assise comme vous, elle qui était couchée à l'aller.

« Au retour, on lui donna huit jours de congé pour aller voir sa fa-
« mille.

« Depuis, on l'a donnée comme aide à l'infirmerie, et ce n'est pas une
« sinécure. Nous avons trois vieilles sœurs paralysées et trois ou quatre
« autres malades qui ne valent guère mieux. Vous comprenez ce que
« cela demande de travail. *De 4 h. 3/4 du matin, heure du lever de la*
« *communauté, à 9 h. 1/4 du soir, sœur Marie Olympe travaille constam-*
« *ment debout, allant de chambre en chambre, faisant des nettoyages,*
« *aidant les malades.* C'est vous dire qu'elle va *très bien,* et c'est ce que
« *vous pouvez certifier comme la vérité* ».   Signé : A. RICHER.

A défaut de détails plus précis sur le caractère de l'infirmité, la per-
sistance de la guérison, depuis dix-huit mois, a une importance capitale
en excluant toute hypothèse d'amélioration nerveuse passagère.

LOURDES.   2

C'est ainsi, du moins, que par des bienfaits tangibles, la Vierge Immaculée commence à émouvoir les âmes et les cœurs.

Il semble, d'ailleurs, qu'au cours du pèlerinage national de 1907, elle ait voulu préparer les merveilles du Cinquantenaire. Nous y fûmes témoin, entre autres, des guérisons extraordinaires de M^{elles} Benvenuti et Marie Borrel. La pre-première, tuberculeuse au dernier degré, était mourante. La seconde était arrivée avec des fistules stercorales ou mieux avec quatre trous dans le côté. L'une et l'autre furent instantanément guéries dans les piscines, et comme les plaies de Mlle Marie Borrel ont été photographiées avant et après, on peut dire que le caractère surnaturel de la *cicatrisation instantanée* est matériellement prouvé.

Ajoutons qu'à cette date, *toutes* les guérisons ont eu lieu dans les piscines, pour mieux confondre sans doute les attaques dirigées au nom de l'hygiène contre l'eau de ces piscines, et que les soirées à la Grotte furent marquées, en cette veille du Cinquantenaire, par des émotions intimes que les affluences énormes de l'année suivante n'ont pas permis de retrouver aussi intenses.

C'est, en effet, le soir à la Grotte, lorsque la foule n'est pas trop nombreuse, lorsqu'a pris fin ce que nous avons appelé le vacarme des *Ave Maria*, lorsqu'au milieu du silence de la nuit et à la lueur discrète des cierges, il ne reste en prière que les âmes d'élite, qu'on comprend et qu'on sent le mieux encore les merveilles de Lourdes.

Entourés d'effluves véritablement surnaturelles, bercés par de ravissantes voix d'anges qui récitent le chapelet comme on doit le réciter au Ciel, remués dans tout leur être par d'admirables exemples de ferveur, bien des mécréants ne peuvent résister. Pour peu qu'ils aient du cœur et quelque sentiment religieux, ils s'effondrent dans un élan de foi et d'amour. Comme l'a éprouvé jadis et si bien exprimé M. Estrade, ce receveur des contributions d'inoubliable mémoire, on sent alors manifeste la présence de la Vierge Immaculée; on l'entend même, comme Bernadette, dans l'intimité de l'âme (1).

C'est l'heure des conversions inattendues, des grands « chambardements » de la Sainte Vierge, dirions-nous, s'il était permis d'appliquer aux œuvres de la grâce l'expression favorite de la juiverie contemporaine.

On ne saurait s'en étonner. Les moindres détails concordent pour confirmer et expliquer la présence réelle de l'Immaculée dans la grotte de Massabielle.

Pendant les premiers temps de notre séjour à Lourdes, nous étions obsédé par une singulière idée. Nous voulions savoir pourquoi la Vierge avait choisi, comme lieu de ses apparitions, *ce trou de rocher*, ce trou noir et banal, de préférence aux cimes radieuses des montagnes voisines qui lui auraient fait un piédestal bien autrement imposant, bien autrement digne de sa gloire ?

Nous fûmes très frappé, en constatant un jour, au hasard d'une lecture, que ce trou correspondait précisément à une prophétie, à un passage du *Livre Sacré des Cantiques* où il est dit, en parlant de la Vierge: « Viens, ma bien-aimée, ma toute belle ; *viens, ma colombe, dans les trous de la pierre, dans la caverne du rocher* » (2).

Les apparitions de Lourdes accomplissent cette prophétie à la lettre.

Quoi qu'il en soit, Messieurs, nous étions, pour notre part, conquis et bien conquis. Arrivé à Lourdes en observateur très impartial et même en « flâneur », nous en repartions le vendredi 23 août 1907, sincèrement convaincu par

(1) Receveur des Contributions indirectes à Lourdes en 1858 et l'un des témoins les plus autorisés des apparitions. M. Estrade leur a consacré un livre que nous préférons à tous les autres pour son émouvante simplicité et son évidente sincérité : « *Les apparitions de Lourdes : Souvenirs intimes d'un témoin* ». M. Estrade est mort seulement le 1ᵉʳ janvier dernier (1909), à Bazas.

(2) Voir R. de Mauduit, *Les Pourquoi de Lourdes*, in-12, p. 81.

ce que nous avions vu et éprouvé dans toute la maturité de notre intelligence, dans toute la plénitude de notre indépendance.

III

Six mois plus tard s'ouvrait la mémorable année du Cinquantenaire et nous avions la joie de prendre part aux premières fêtes des 10 et 11 février 1908, à la réception officielle du légat du Pape, le regretté cardinal Lecot.

La petite brochure que nous avons déjà consacrée à ce voyage et qui s'est répandue à près de mille exemplaires, nous dispense d'y revenir (1). La plupart d'entre vous se rappellent ce que nous y racontions de l'entrée du légat et de son équipage si pittoresque, de l'attitude si chrétienne, si française, de la municipalité et de la population de Lourdes, du merveilleux embrasement du vieux fort, sans parler de ce compartiment de fumeurs qui a eu un succès tout à fait inattendu.

Ces fêtes d'ouverture furent, par la force des choses, très différentes des pèlerinages ordinaires, car la saison n'avait pas permis d'y amener de malades. Elles furent, en revanche, une splendide apothéose de l'Immaculée Conception, une grandiose manifestation nationale, bien réconfortante dans notre triste temps de lutte de l'Etat contre l'Eglise.

IV

Avec le retour de l'été, l'élan des populations devait s'accentuer davantage encore. Il semble qu'un souffle puissant entraînât à l'envi vers Lourdes pèlerins et touristes, croyants et incroyants.

Dans la Sarthe, beaucoup de nos compatriotes se rendi-

---

(1) *Lourdes, 10 et 11 février* 1908. *Impressions et Souvenirs du Cinquantenaire.* Le Mans, Monnoyer, 1908, in-8.

rent déjà isolément aux fêtes du 16 juillet (1); quand arriva
l'époque du pèlerinage national, les organisateurs se trouvèrent absolument débordés.

Les différents diocèses de l'Ouest se disputaient les trains
avec un acharnement homérique ; les compagnies de chemins de fer, aux abois, se déclaraient impuissantes à suffire
à une telle mobilisation, faute de matériel et surtout de voies
de garage. En fin de compte, il fallut se contenter, pour le
pèlerinage national de 1908, de 35 trains spéciaux (2). Sur ce
chiffre, les Manceaux ne purent obtenir, après des efforts
désespérés, qu'un train entier, le train *blanc-rose*, n° 13,
organisé avec tant de dévouement par M. le chanoine Laude,
et quelques wagons du train *blanc-vert*, n° 14.

C'était bien peu, et ce n'est pas sans d'amers regrets qu'on
dût reconnaître que le diocèse du Mans serait représenté à
Lourdes, en cette grande circonstance, par 1200 pèlerins tout
au plus.

Il est vrai qu'à la décharge des Manceaux l'histoire pourra
dire que leur train *blanc-rose* fut formé *en quelques heures* à
dix personnes par compartiment, qu'on refusa l'effectif d'un
autre train au moins, et que le chiffre des pèlerins partis
isolément dépassa encore celui du train spécial (3).

---

(1) Nous laissons à M. l'abbé Loudière, le si dévoué apôtre du quartier de l'Abattoir, le soin de raconter aux Manceaux ces belles fêtes du
16 juillet auxquelles il a assisté et dont il a rapporté d'intéressants clichés photographiques.

(2) Nombre total des trains spéciaux en y comprenant ceux des chemins
de fer du midi.

(3) Nos regrets de ne pouvoir obtenir de trains supplémentaires,
furent particulièrement excités par le beau et curieux spectacle qu'offrit, dans la seule journée du lundi 3 août, le passage en gare du Mans
de *dix* trains spéciaux pour Lourdes, *deux* de Bayeux, *trois* de Sées.
cinq de Rouen et du Havre. Nous·nous rappellerons longtemps, comme
souvenir de cette étonnante mobilisation, l'effet que produisaient les
cris sans cesse répétés sur les quais et dans les salles d'attente du Mans :
« Voyageurs pour Lourdes, en voiture ! » Il semblait qu'à *sept cents*
kilomètres de distance, tous les voyageurs fussent à destination de Lourdes.

L'embarquement en gare du Mans, le mercredi 19 août, fut, vous vous en souvenez, Messieurs, particulièrement laborieux, par suite du départ presque simultané des deux trains 13 et 14, du nombre exceptionnel des malades et de l'envahissement imprévu des quais par une foule d'amis et de curieux... trop sympathiques.

Deux équipes, de 16 à 18 volontaires chacune, avaient été constituées pour assurer l'ordre et l'embarquement des malades. Permettez-moi de saisir l'occasion pour rendre hommage à la bonne volonté et au dévouement de ces volontaires.

Si mémorable qu'ait été l'encombrement au moment du départ du dernier train, on ne peut refuser à nos équipes improvisées le mérite d'avoir au moins assuré le départ de tous les malades. Sans leur concours et leurs efforts, bon nombre de ces malades seraient restés en détresse dans la foule (1).

---

(1) Le train 13, *blanc-rose*, réservé aux pèlerins valides de la Sarthe a été organisé plus spécialement par M. le chanoine Laude. L'équipe *blanc rose*, qui lui était affectée sous notre direction, se composait de MM. le commandant de Chateaurocher, Rottier, X. Gasnos, Jousse, Gautier, Amonet, Talent, abbé Boéteau, Drouard, Courtois, Rommet, Courget, Heurtebize, Marcel Blanchard, G. Chauvin et Douair. L'embarquement s'est effectué en moins de vingt minutes, dans un ordre parfait.

Le train 14, *blanc-vert*, réservé aux malades du Mans, aux pèlerins et malades de la Normandie, de la Bretagne, d'Angers, etc., a été, en principe, organisé à Paris, au Secrétariat du Pèlerinage National, qui a envoyé, la veille au soir seulement, le P. Hamon, assisté de quatre sœurs de l'Assomption, pour en prendre la direction. L'équipe *blanc-vert*, que nous lui avions affectée en gare du Mans, se composait de M. M. Albert Leroux, Degoulet, Arnouilleau, de Linières, Nourry, Mouffle, de Vaublanc, J. Arnould, Léon, Albert, Jean, Pierre et Louis Gougaud, Vincent, Hubert de Vautibault, Denis, Fouineau, R Narbonne, P. Vérité, etc.

L'encombrement de la dernière heure est venu de trois causes principales : 1° l'impossibilité de préparer à l'avance au Mans la répartition des malades dans les wagons, faute d'avoir connu exactement leur état et le matériel dont on disposerait ; 2° le garage du train sur le quai de Tours, le plus étroit de tous les quais de la gare du Mans ; 3° l'envahissement imprévu de ce quai par une foule compacte de non partants.

Permettez-moi aussi de vous révéler, avec toute la discrétion qu'il comporte, un trait bien touchant du départ.

A l'instant même où le train des malades allait s'ébranler, un homme d'équipe me remettait, inscrite sur les feuillets de son pauvre calepin, une liste d'environ *soixante signatures* de « cheminots », qui tous réclamaient de notre amitié, au retour du pélerinage, un chapelet de Lourdes.

En d'autres temps, l'acte de foi si simple et si spontané de ces modestes travailleurs mériterait à leurs noms d'être mis à l'honneur. A notre époque d'intolérance maçonnique, Dieu seul et moi devons les connaître ; mais de tout cœur, Messieurs, saluons, dans leur collectivité anonyme, ces ouvriers chrétiens, restés fidèles aux croyances de leurs mères et à nos traditions nationales (1).

V

Il faut avoir vu, comme nous, la gare de Lourdes dans la matinée du jeudi 20 août 1908, pour apprécier à sa valeur le dévouement et les qualités professionnelles du personnel de nos chemins de fer français.

Dès maintenant, des mesures sont prises pour perfectionner à l'avenir la formation de ce train et profiter de l'expérience acquise.

D'autre part, conformément aux instructions de la Direction des Brancardiers, nous avions constitué au Mans une *équipe de route* pour accompagner les malades du train 14, prêter concours pendant le trajet à MM. les abbés Hamon, Richer et Godart, aux *admirables* sœurs de l'Assomption et aux dames hospitalières. Cette équipe avait pour chef M. de Mons et comprenait, comme brancardiers, MM. Thorin, de Linières, Gratton, J. Arnould, P. de Mons, A. de Carville, et l'abbé Leloup.

Enfin un souvenir de gratitude est dû aussi à plusieurs pèlerins manceaux du train 13, qui, à l'exemple de M. La Serre et de Mlle Fouché, avaient eu le dévouement de se charger individuellement de malades ou d'infirmes.

(1) Nous sommes heureux de saisir l'occasion pour rendre justice à tout le personnel de la gare du Mans. A tous les degrés de la hiérarchie, les agents de la Compagnie, sans distinction, ont non seulement montré une parfaite courtoisie, mais une grande obligeance pour les malades et les pèlerins.

Les trains se succédaient de cinq en cinq minutes, arrivant de toutes les directions, déversant sur les quais des flots de voyageurs, de pèlerins et de malades, avec un encombrant matériel de matelas, de brancards et de fauteuils roulants. En quelques minutes, tout était débarqué et les wagons garés.

En dépit du bouleversement des horaires, pas un accident ne se produisit à la gare de Lourdes, dans cette invraisemblable matinée. Tour à tour notre admiration allait de ces vaillants brancardiers qui emportaient les malades avec des précautions pour ainsi dire maternelles, à ces humbles employés de la compagnie qui assuraient leur service avec une intelligente initiative, au milieu d'un surmenage sans répit. Nous étions fier des uns et des autres en pensant que des cœurs français, seuls, menaient à bonne fin cette extraordinaire mobilisation de la charité chrétienne.

Malheureusement, il n'en fut pas de même partout.

Le soir même, on apprenait le tamponnement, en gare de Pau, d'un des derniers trains, le train *Gris* de Paris. Un wagon avait été entièrement broyé ; bon nombre des pèlerins qu'il contenait étaient blessés et quatre en danger de mort.

Tout compte fait — le détail est à remarquer, Messieurs — cette douloureuse catastrophe ne coûtera la vie, quelques semaines plus tard, qu'à une seule personne, une vieille et sainte fille qui venait précisément à Lourdes pour gagner plus vite le Paradis. Après avoir édifié la ville de Pau par leur courageuse résignation, tous les autres blessés se rétabliront rapidement, et cette protection providentielle justifiera la facétie irréfléchie d'un photographe de Lourdes qui a publié une photographie de l'effroyable marmelade des wagons sous ce titre : « *Souvenir du Cinquantenaire* ».

Bien que l'affluence fut considérable et le spectacle toujours très émouvant, l'accident de Pau et l'inconstance du temps jetèrent une nuance de tristesse sur les deux premiers jours du pèlerinage national.

Mais, dès le samedi 22 août, la Vierge Immaculée ranimait les enthousiasmes par l'un de ses grands coups, la guérison stupéfiante d'Alphonse Alliaume, dont nos journaux du Mans parlaient ces jours encore.

Agé de 28 ans, Alphonse Alliaume était domestique de ferme aux environs de Falaise lorsque, le 20 mai 1907, il reçut d'un taureau furieux deux formidables coups de corne, l'un dans le bras droit qui resta paralysé, l'autre dans le ventre qui fut perforé au point que le malheureux blessé dut ramasser lui-même ses intestins sortis sur une longueur de un mètre cinquante.

Au bout d'un an, malgré les soins dévoués des médecins, l'état d'Alphonse Alliaume ne s'était point amélioré : la main demeurait paralysée et il restait, dans l'abdomen, une plaie suppurante ne permettant qu'une alimentation légère de lait et d'œufs crus. Le blessé avait maigri de 46 livres : son poids était tombé de 75 à 52 kilos.

Alliaume intenta dès lors à son patron un procès en dommages et intérêts devant le tribunal de Falaise. Après une expertise médicale des plus minutieuses et par un jugement fortement motivé, le tribunal considérant Alliaume comme incurable lui accorda, à la fin de juillet dernier, une indemnité de 7.000 francs.

Sur ce, on décida l'infortuné à venir à Lourdes avec le pélerinage national. Il nous arriva au Mans, le 19 août dans la matinée, par le train d'Alençon, en même temps que les autres malades de Normandie. Pendant son séjour dans notre gare, il voulut manger un biscuit : le biscuit ne passa pas et les douleurs devinrent si vives qu'il fallut mettre une religieuse auprès de lui.

Quatre jours plus tard, Messieurs, dans la matinée du samedi, Alliaume, en sortant de la piscine, se sentait pris tout à coup d'un appétit féroce qu'il ne connaissait plus depuis longtemps ; il se précipitait chez un marchand de comestibles et y dévorait un énorme saucisson.

Rentré à l'hôpital municipal où il était hospitalisé, il recommençait à déjeuner et digérait le tout sans la moindre difficulté. La plaie de l'intestin avait été instantanément et complètement guérie.

Bien plus, le soir, pendant la procession du Saint-Sacrement à l'hôpital, Alliaume recouvrait instantanément et complètement aussi l'usage de son bras paralysé.

L'un des premiers, j'avais appris la guérison d'Alliaume et je l'avais apprise sous une forme originale. Tout ému, un brancardier m'avait crié au passage : « Alliaume est guéri, il vient de manger la moitié d'un cochon ! »

La preuve avait sa valeur, tout au moins sa saveur. Peut-être cependant, le témoignage de l'animal, si bien dévoré qu'il fût, n'eût-il pas suffi (1).

La Cour d'appel de Caen vient elle-même d'y suppléer.

Les délais d'appel n'étant pas expirés au retour d'Alliaume guéri, la Compagnie d'assurances qui avait couvert le patron s'empressa d'en appeler du jugement du tribunal de Falaise, dans le légitime espoir de rattraper son argent.

Or, par un arrêt du 25 novembre dernier, qu'un grand nombre de journaux viennent de mentionner, la Cour de Caen, reconnaissant le fait qu'Alliaume *a été subitement guéri à Lourdes au mois d'août*, réduit l'indemnité de 7.000 à 3.000 francs, somme correspondant à la période d'incapacité de travail depuis le 20 mai 1907, date de la blessure, jusqu'au 22 août 1908, date de la guérison.

Mieux encore que celle du célèbre employé des postes Gargam, voici donc la guérison d'Alliaume à Lourdes cons-

---

(1) Il est à remarquer qu'aussitôt après leur guérison, le premier soin de tous les vrais guéris de Lourdes est de faire un bon repas — si au-dessus qu'ils soient des satisfactions sensuelles — et même de manger ce qu'ils préfèrent. C'est à la fois une preuve matérielle de la guérison, une sorte de déférence pour les lois providentielles de la nature, et surtout l'accomplissement de ce que N.-S. lui-même prescrivait, en disant après chacun de ses miracles, comme le rapportent les Evangiles ; « Allez, donnez-lui à manger ».

tatée judiciairement par les deux jugements du tribunal de Falaise et de la Cour de Caen. Comme il s'agit ici d'une plaie matérielle, il est vraiment impossible d'attribuer cette guérison instantanée à la suggestion, ou à « la foi qui guérit (1) ».

Le fait, assurément, était de nature à réchauffer les enthousiasmes. La journée qui suivit la guérison d'Alliaume fut merveilleuse à Lourdes.

<h2 style="text-align:center">VI</h2>

Cette journée du dimanche 23 août, il est vrai, ne devait pas être seulement la principale du pèlerinage national de 1908, elle devait être la plus mémorable de l'année du Cinquantenaire, la journée dite des « Miraculés ».

Une heureuse pensée de Mgr l'Évêque de Tarbes avait fait convoquer en ce jour à Lourdes toutes les personnes guéries depuis 1858, qui survivaient et pouvaient se rendre au rendez-vous. Plus de *trois cent cinquante* avaient répondu à l'appel, et pour témoigner d'une entière bonne foi, leurs noms et leurs adresses ont été publiés (2).

(1) Comme pour Mlle Marie Borrel, nous devons renoncer à citer ici les innombrables références relatives à la guérison d'Alliaume. Nous ne pouvons que renvoyer au journal *la Croix* qui a publié, le 3 décembre 1908, le *texte intégral* du jugement de Falaise, et le 9 février 1909, celui de l'arrêt de la Cour de Caen (Article très documenté de M. Georges Bertrin). Nous renverrons aussi au journal *La Sarthe — le Libéral de l'Ouest —* qui dès le 26 novembre 1908, à l'occasion de l'arrêt de Caen, signalait lui-même ce cas véritablement extraordinaire, et au *Nouvelliste de la Sarthe* du 9 février 1909.

(2) *La Voix de Lourdes* du 27 août 1908; L. Guerin, *Le Pèlerinage national de 1908*, Paris, 1909, un vol. in-12.

Dans ces listes, s'est glissée, en ce qui concerne la Sarthe, une erreur qu'il importe de rectifier au plus vite. On y a conservé les noms de deux jeunes filles, l'une de la Ferté-Bernard, l'autre de Saint-Georges-du-Bois, dont les guérisons n'offrent pas de garanties suffisantes et qui, pour ce motif, laissées loyalement de côté, *n'ont pas figuré à Lourdes le 23 août dans le groupe dit des Miraculés.*

Pourvus chacun d'une petite bannière permettant de les reconnaître, ces guéris, que le peuple avait surnommés les « miraculés », formèrent un groupe spécial et occupèrent une place d'honneur dans toutes les cérémonies de la journée (1). Comme de juste, ils excitaient au plus haut point l'attention de la foule : de tous les villages des Pyrénées des curieux étaient venus se joindre aux pèlerins pour contempler ce spectacle sans précédent.

Le groupe était des plus mélangés. On y voyait côte à côte des hommes et des femmes, des jeunes filles, des religieuses, des enfants, des riches et des pauvres, des personnes de tout âge et de toutes conditions sociales.

En tête s'avançait par droit d'ancienneté un habitant de Lourdes même, Justin Bouhorts, qui, âgé de 2 ans en 1858, infirme et n'ayant jamais marché, avait été guéri, dès le 28 février, par un plongeon — insensé en apparence — dans la source que Bernadette venait de découvrir. Aujourd'hui Bouhorts est un vigoureux montagnard de 52 ans, à la moustache noire, au béret crânement posé sur l'oreille.

Après lui, les deux plus célèbres, les plus remarqués, étaient Gabriel Gargam et Marie Le Branchu.

Gabriel Gargam, vous vous le rappelez, Messieurs, est ce commis ambulant des postes qu'un accident de chemin de fer survenu près d'Angoulême, le 17 décembre 1899, avait réduit, selon l'expression des rapports officiels, à l'état d'*épave humaine*. Refait pour ainsi dire de toutes pièces, le 20 août 1901, à la procession du Saint-Sacrement, M. Gargam est maintenant un infatigable brancardier, à la démarche élégante, à l'allure vive et dégagée d'un chasseur alpin.

Quant à Marie Le Branchu, c'est la fameuse *Grivotte* de Zola, cette phtysique au 3e degré, guérie le 20 août 1892

---

(1) Nous tenons à bien établir de suite que nous prenons exclusivement cette expression de *miraculés* dans le sens *populaire*, sans prétendre l'appliquer à aucun de ceux sur lesquels l'Eglise et la Science ne se sont pas prononcées.

devant Zola lui-même, mais que le romancier, avec une insigne mauvaise foi, a fait mourir quand même dans son livre sur Lourdes pour se débarrasser du surnaturel (1).

Personnellement, nous retrouvons encore parmi les « miraculés » Mlles Gabrielle Benvenuti et Marie Borrel. Après un an d'épreuve, elles nous réapparaissent dans l'état le plus florissant (2).

Favorisés par un temps splendide, tous les offices s'accomplissent en plein air, sur l'esplanade du Rosaire. Groupés dans les escaliers latéraux, les « miraculés » forment autour de l'autel et des douze évêques présents une sorte d'auréole, l'auréole de gloire de la Vierge Immaculée.

Dans l'après-midi, la procession du Saint-Sacrement offre un coup d'œil incomparable.

Cent mille personnes y assistent.

(1) Pour toutes les circonstances de ces guérisons exceptionnelles, voir le livre *décisif* de M. Georges Bertrin : *Histoire critique des évènements de Lourdes*, Paris, Lecoffre. un vol. in-8.

(2) Quatre de nos compatriotes figuraient dans le groupe des « guéries ».

Pour trois d'entre-elles, le fait de la guérison au moins est nettement attesté par *des certificats de médecins que nous avons sous les yeux* :

Mlle Marie Legoué, de Tresson (Sarthe), guérie subitement, le 26 août 1895, *d'une atrophie musculaire assez considérable de la jambe droite, qui ne lui permettait pas de marcher sans béquilles.* (Certificat de guérison très explicite du Dr A. Ogé, du Grand-Lucé, en date du 28 septembre 1904).

Mlle Marie Bouvier, de Surfonds (Sarthe), guérie le 22 août 1902, *d'une déviation de la colonne vertébrale* (Certificat du Dr Gauthier, du Breil, en date du 8 juillet 1908). V. aussi la *Semaine du Fidèle* du 29 août 1902.

Mlle Léontine Fouché, rue de la Mariette, 80, au Mans, guérie le 19 août 1907, *d'un ulcère à l'estomac.* (Certificat de « rétablissement complet » du Dr Delagenière, du Mans, en date du 17 août 1908).

Le cas de la quatrième, Mlle Blanche Homo, de la Flèche — aujourd'hui domiciliée à Varennes d'Aubigné — est plus complexe et comporterait quelques explications. Nous nous bornerons à constater ici, que depuis son pélerinage à Lourdes, Mlle Homo est entièrement rétablie et qu'aux termes d'un certificat du Dr Bucquet, de Laval, en date du 31 août 1904, « elle a eu mille fois raison de remercier Notre-Dame de Lourdes *de son évidente protection* ».

L'esplanade, les rampes du Rosaire, le domaine de la Grotte tout entier, sont noirs de têtes. Les arbres des Espelugues eux-mêmes sont garnis de grappes humaines, et l'on aperçoit des curieux jusque sur les flancs du Pic du Jer. Dans les escaliers de la basilique s'étagent, comme de frais bouquets de roses et de lys, les charmantes Noëlistes du P. Claude et les petites orphelines de l'Immaculée-Conception, aux capulets blancs, que nous avions eu tant de plaisir à escorter en 1907.

Malgré cette fantastique affluence, un tel silence plane sur la foule pendant la bénédiction du Saint-Sacrement qu'un aveugle pourrait se croire au milieu du désert. Saisis par la majesté du spectacle, les touristes et les incrédules se montrent aussi respectueux que les pèlerins. Tous sont également « empoignés ».

Par contre, c'est une clameur d'indescriptible enthousiasme lorsque, coup sur coup, on voit plusieurs malades se lever subitement et se placer, guéris, à la tête des « miraculés ». A deux pas de nous, une femme s'avance, sans chaussures, les pieds encore entourés de linges et de bandages.

La soirée rappelle, au milieu d'une foule bien plus nombreuse, les merveilles du 11 février. Les illuminations sont féeriques. Au moment du *Credo*, le fort s'embrase. De minute en minute, il lance des gerbes de bombes qui éclatent en éclairs multicolores, et à son sommet, dominant toute la scène, apparaît toujours le drapeau tricolore de la France catholique, lumineux comme en un jour de victoire.

Et n'est-ce pas, en réalité, Messieurs, un jour de victoire pour la France chrétienne que cette nouvelle journée, qui vient de consacrer si magnifiquement, sur son territoire, le triomphe de la Vierge Immaculée ? Ce ne peut être en vain que la Reine des Cieux a daigné elle-même provoquer ces hommages sur notre sol devenu le champ de bataille des idées modernes. Si elle se manifeste ainsi au milieu de la lutte, c'est qu'Elle ne s'en désintéresse pas. Or, avec Elle, nous le savons, la victoire définitive de nos croyances est certaine.

En attendant, pendant la nuit suivante, ce petit coin des Pyrénées offrit un bien curieux tableau.

Ne pouvant trouver de logements, des milliers de pèlerins en furent réduits à coucher dans les églises ou à la belle étoile, sur les bords du Gave, dans les bois des Espelugues. Quelques privilégiés s'emparèrent d'automobiles ou de confessionnaux. D'autres envahirent les halles où la municipalité leur fit délivrer de la paille, comme aux troupes en manœuvres. Aux abords de la Grotte, l'encombrement se maintint si effroyable que beaucoup durent renoncer à approcher de la fontaine.

Nos regrets de n'avoir pu amener un plus grand nombre de Manceaux se trouvèrent dès lors atténués. Le problème de la compression des corps n'étant pas encore résolu, il y aurait eu vraiment trop d'aplatissements !

Le lendemain lundi 24 août, commençait la dislocation du pèlerinage national. Depuis son arrivée, le Bureau des Constatations avait enregistré au moins 25 procès-verbaux de guérisons, jugés dignes d'être publiés. Pour sa part, le diocèse du Mans avait obtenu deux améliorations notables que l'épreuve du temps permettra, espérons-le, de considérer un jour comme des guérisons définitives (1).

---

(1) Les procès-verbaux de ces améliorations, qui ne pouvaient encore être présentées comme des guérisons définitives, n'ont pas été publiés par le Bureau des Constatations, mais, *à titre de documents*, en voici les textes reproduits par le journal *L'Express du Midi*, du 25 août 1908.

« *Alice Rollin*, 24 ans, originaire du Mans, atteinte d'un eczéma, « après opération à un œil. Cette malade a été soignée par le Dr Che-« vallier, du Mans. Jeudi, après un bain aux piscines, elle ressentit « une amélioration notable. Depuis le mieux a persisté ; il n'y a plus « de suppuration et les croûtes commencent à tomber.

« *Gabrielle Plumecoq*, du Mans, âgée de 23 ans, était atteinte d'après « le certificat du Dr Mélisson, depuis six ans, d'une bronchite chronique « de nature bacillaire. Elle jetait des crachats hémoptoïques, purulents, « avait de la toux, des sueurs abondantes, de l'amaigrissement. Il y a

Le nombre seul des malades hospitalisés s'étant élevé à 1060, la tâche des brancardiers avait été rude, et, à ce sujet, je me reprocherais, Messieurs, de ne pas rendre devant vous un hommage ému à ces admirables brancardiers et à ces dames hospitalières, plus admirables encore, qui relèvent de deux œuvres également dévouées, également fécondes en actes d'abnégation et de charité chrétienne : l'*Hospitalité de N.-D. de Lourdes* et l'*Hospitalité de N.-D. du Salut* (1).

Il faudrait de longues pages pour vous décrire l'excellente organisation des brancardiers, leur discipline toute militaire, la perfection même de leur matériel qui vient de s'augmenter d'un chariot automobile pour le transport des grands malades.

« Ils travaillent plus que des domestiques, écrivait récem-
« ment un journaliste de talent ; ils mangent quand ils peu-
« vent et souvent ne dorment pas leur compte. Aux jours

« trois ans et demi, elle eut une appendicite tuberculeuse, opérée par le
« Dr Drouin du Mans. Cette maladie fut suivie d'hémoptysie plus abon-
« dante et de toux plus fréquente qui détermina une éventration. Elle
« est arrivée à Lourdes dans cet état. Aujourd'hui, 24 août, après sa
« sortie de la piscine, elle n'a plus toussé, n'a plus souffert et il n'y a
« plus trace de maladie. Elle marche et a bon appétit. »

Nous n'insistons pas sur les détails du pèlerinage du Mans. D'excellents comptes rendus en ont été publiés dans la *Semaine du Fidèle* des 5 et 12 septembre 1908 et dans le *Bulletin paroissial de Pruillé-le-Chétif* (Souvenirs d'un de nos dévoués brancardiers, M Thorin). D'autres articles lui ont été consacrés dans *Le Nouvelliste de la Sarthe* du 24 août et *Le Pays Sarthois* du 30 août (Henri de Notre-Dame), dans les *Bulletins paroissiaux de Mont-Saint-Jean* (Impressions et réflexions d'un pèlerin), *Coulans, Crannes, Moncé-en-Belin, Luché, Pontvallain, Montreuil-le-Henri*.

Nous rendrons seulement un nouvel et légitime hommage au dévouement de Mme Ogier d'Ivry, présidente du Comité du Mans, qui était parvenue à emmener un groupe de 29 malades, ainsi qu'au zèle si actif de Mlle Béton, secrétaire de la direction, dont le concours a été particulièrement apprécié.

(1) *L'Hospitalité de Notre-Dame de Lourdes* assure plus spécialement les services *permanents*, pendant toute l'année : elle avait pour président en 1908, M. E. Christophe, adjoint au maire de Lourdes.

L'Hospitalité de Notre-Dame du Salut organise les pèlerinages nationaux et assure les services à Lourdes pendant la durée de ces pèlerinages : elle a pour président M. Richard de Boysson.

« de grande presse, ils passent les nuits toujours sur pied,
« courant de la gare aux hôpitaux, disciplinés comme des
« soldats... Ceux-là ne gaspillent point leurs jours à dis-
« courir sur les questions sociales. *Ils accueillent le peuple*
« *et le portent dans leurs bras*. Ils accomplissent dans la cha-
« rité le rêve impossible de la philantropie humaine » (1).

Un seul trait, emprunté au même auteur, suffira à vous les
faire connaître.

« Un jour — peu éloigné encore — un jeune brancardier
« menait à son bras, le long du boulevard, une pauvre
« vieille à la figure rongée d'un abominable cancer. Il avait,
« à son égard, des tendresses comme pour une mère et lui
« parlait gentiment avec des mots de consolation.

« Il disait à ceux qui le félicitaient :

« Je n'ai jamais eu de si charmante compagne. Elle a la
« rayonnante beauté de la misère, si vous saviez comme
« je l'aime !

« Et c'était vrai qu'il l'aimait. Jamais on n'avait pu l'en
« séparer.

« — Je veux celle-là et pas d'autres. Elle est mon amie.

« La malheureuse, que cette chaude affection réconfortait,
« lui donnait des noms d'amitié, lui parlait comme une
« vieille maman.

« — Ah ! mon cher petit ! Je voudrais guérir rien que
« pour vous embrasser.

« — Eh ! pourquoi pas tout de suite ?

« Et il posa tranquillement ses lèvres sur les joues san-
« glantes : un vrai baiser d'amoureux ! »

N'est-ce pas ceci, Messieurs, de l'héroïsme chrétien dans
toute la force du terme ?

Eh bien, ce n'est qu'un détail, peut-être, auprès des traits
d'héroïsme continuels qu'accomplissent à l'hôpital des Sept

(1) René Gaëll, *Figures d'hospitaliers*, dans le *Nouvelliste de Bordeaux*, du 12 septembre 1908.

Douleurs et à l'intérieur des piscines les dames hospitalières !

Le dévouement et l'absolu désintéressement des brancardiers émeuvent les plus indifférents, les plus étrangers à toute pratique religieuse.

Je puis en citer une preuve personnelle.

Un soir, le hasard amène près de moi, sur la terrasse d'un café, une dame à la toilette excentrique, à l'allure dégagée, qui certainement n'est pas une pèlerine.

Songeuse, elle regarde passer les brancardiers de service, puis tout à coup, me prenant moi-même pour un brancardier, elle me fixe assez cavalièrement et m'interpelle :

— Est-il bien vrai, Monsieur, que vous n'êtes pas payé ?

— Absolument vrai, Madame, je puis vous affirmer, sur l'honneur, qu'aucun brancardier ne reçoit la moindre rétribution ; ce que ces hommes et ces jeunes gens font, ils le font gratuitement, spontanément, par charité chrétienne.

Alors, brusquement, mais avec une brusquerie sous laquelle perce l'émotion, elle se lève, me salue d'une inclination de tête très accentuée, et disparaît en me lançant ces mots :

— *Cela*, Monsieur, *est vraiment beau* !

Je serais bien surpris si cette mondaine à l'allure si... moderne, n'avait pas remporté de Lourdes une salutaire égratignure (1).

VII

Cependant, Messieurs, pendant le mois que je devais passer à Lourdes, je ne m'engageai pas dans l'admirable troupe des brancardiers.

---

(1) Brancardiers *Manceaux* ayant fait un service régulier à Lourdes pendant notre séjour : MM. Thorin, Gratton, Jean Arnould (*Pèlerinage National*) ; Léon, Albert, Jean et Pierre Gougaud (*septembre*). A notre vif regret, nous n'avions pu obtenir de bretelles pour plusieurs autres de nos compatriotes, notamment pour M. A. de Vaublanc qui désirait vivement faire le service pendant le National.

De tout temps mauvais infirmier, j'aurais craint de « casser » les malades. Entraîné par mes aptitudes spéciales, je donnai la préférence au service chargé de la garde et de la police de la Grotte.

Indispensable pour assurer l'ordre et la sécurité, pour canaliser les foules et les empêcher de s'étouffer, le service de la Grotte est, par le fait, la *gendarmerie de Notre-Dame de Lourdes.*

C'est, pour mieux dire, sa *légion étrangère*, car, bien que composé presque exclusivement de français, le corps rappelle en certains points la légion étrangère.

Dans sa maternelle bonté, la Vierge Immaculée le recrute un peu de tous côtés, à l'aide d'éléments parfois très disparates. On y rencontre d'anciens officiers et d'anciens magistrats, des avocats, des conseillers généraux et d'arrondissement, des gentilshommes, d'anciens guéris, au besoin de vieux diables convertis. Toutefois, il semble que la première condition d'admission aux yeux de la céleste colonelle soit d'avoir connu la souffrance, les injustices ou les déceptions de la vie.

Malgré le hasard des rencontres, la diversité des âges, des conditions et des pays d'origine, la communauté de sentiments et d'idées est complète, la cordialité charmante. Dominé avant tout par l'attachement au drapeau de la Vierge, l'esprit de corps fond en quelques heures, en un même cœur, les éléments les plus étrangers les uns aux autres.

Du 20 août au 25 septembre, j'aurai eu le grand honneur de servir, à titre auxiliaire, dans cette troupe d'élite et d'y servir sous les ordres entre autres d'anciens officiers dont les noms restent justement populaires et respectés.

J'aimerais à vous les faire connaître, mais leur modestie ne me pardonnerait pas de les trahir, et je dois me borner à reproduire le portrait qu'a déjà publié de l'un d'eux un de ses anciens soldats.

« L'année dernière, écrit M. René Gaëll (1), on se mon-
« trait à la Grotte un hospitalier de haute taille, d'aspect mi-
« litaire, les traits énergiques barrés d'une rude moustache
« noire. Les gens qui le connaissaient disaient tout bas, lors-
« qu'il passait :

« — Voilà le colonel du 100ᵉ.

« Il était alors l'actualité récente. Ceux qui ont suivi les
« évènements tragiques du Midi, n'ont pas oublié le nom du
« colonel Marmet, qui fut le seul chef à maintenir son régi-
« ment dans la discipline, par l'unique prestige de sa haute
« dignité morale, à ces heures où les troupiers se ruaient à
« l'émeute.

« C'était un vrai soldat, un de ces officiers supérieurs qui
« ont vu le feu, décoré à la guerre de 1870, capitaine à vingt
« trois ans, et par dessus tout un chrétien qui allait à la
« messe et communiait. Au lieu de fleurir son képi des étoiles
« d'or, que méritaient des états de service exceptionnels, on
« l'a mis à la retraite d'office. Celui que les balles prussien-
« nes ont épargné est tombé sous les fiches. On lui a même
« refusé le droit sacré de s'expliquer. Un immense cri d'in-
« dignation a suivi sa disgrâce et tous les hommes d'honneur
« ont salué de leur admiration ce vaincu des haines stupides.

« Il est venu, d'élan, offrir à la Vierge de Lourdes son
« épée brisée et son cœur ardent de catholique... Bien
« souvent des hommes l'arrêtent au passage :

« — Mon colonel, je suis un de vos anciens. A Narbonne,
« on parle toujours de vous. Si vous reveniez là-bas, ce
« serait dans un triomphe.

« Il le sait bien. Tous, jusqu'aux socialistes, lui ont fait à
« son départ, une magnifique ovation. Mais il préfère demeu-
« rer à Lourdes. *La Vierge lui a pris le cœur et en a guéri les*
« *meurtrissures.* » (2).

(1) René Gaëll, *Figures d'hospitaliers*, etc.
(2) Sur le Colonel Marmet, voir aussi *La Sarthe* et *Le Nouvelliste de
la Sarthe* des 8 et 9 février 1909.

Ont fait le service à la Grotte avec nous, pendant le National : M. de

En l'année du Cinquantenaire, le service de la Grotte, croyez-le bien, Messieurs, n'était pas une sinécure.

D'après les statistiques officielles de la Compagnie du Midi, la gare de Lourdes, du 11 février au 31 octobre 1908, a reçu *602* trains spéciaux, dont *147* venus de l'étranger. Le mouvement des voyageurs s'y est élevé à *2.200.000*, sans compter les innombrables pèlerins accourus à pied, en voitures et en automobiles.

94.500 messes ont été célébrées dans les seuls sanctuaires de la Grotte, du Rosaire et de la Basilique. 1.066.400 communions y ont été distribuées.

Les recettes de l'octroi ont offert une augmentation de 45.041 fr. 84 sur le chiffre de 1907 ; le bureau de poste a vendu environ 110.000 francs de timbres-poste et expédié pour 20.000 francs de télégrammes de plus que les années précédentes. L'excédent total réalisé par les Compagnies de chemins de fer français, du 1ᵉʳ janvier au 1ᵉʳ décembre, a dépassé *28.900.000* francs (1).

Or, Messieurs, en débarquant à Lourdes, ces foules prodigieuses se précipitaient toutes vers la Grotte. Leur flux et leur reflux perpétuel battait, comme les flots de la mer, les roches Massabielle, et ces flots humains s'obstinaient invariablement à vouloir entrer par les passages de sortie, disposés, il est vrai, du côté de l'arrivée.

On voulait bien me témoigner une amicale confiance, en ma qualité d'ancien troupier un peu dégourdi, et me placer souvent à ce poste de sortie.

Du 20 août au 19 septembre, j'ai fait en moyenne quatre à cinq heures de service par jour. La foule n'a pas cessé de défiler et il me semble avoir vu passer toutes les têtes du

Lorière, ancien capitaine de cavalerie, M. Edouard de Lorière et M. A. de Vaublanc, de la Sarthe.

(1) Chiffres empruntés au *Journal de la Grotte*, du 7 février 1909, qui les donne à l'appui de la *Lettre Pastorale de Mgr l'Evêque de Tarbes* sur la clôture du Cinquantenaire.

genre humain. En tout cas, j'en ai vu passer de toutes sortes, de jeunes et de vieilles. de belles et de laides, d'aimables et de grincheuses. Tour à tour, j'ai vu passer des Poitevins, des Angevins, des Bretons, des Normands, des Bourguignons, des Dauphinois, des Provençaux, des Auvergnats, des Lorrains, des Savoyards, des Italiens, des Espagnols, des Portugais, des Belges, des Hollandais, des Luxembourgeois, des Allemands... et même un Chinois avec sa queue ramassée sous son harnais de brancardier !...

Et tous ces peuples parlant leur patois ou leur langue nationale, la confusion de langage était aussi complète qu'à la Tour de Babel !

Pour expliquer le mouvement, nous avions bien essayé d'apprendre le mot *sortie* en plusieurs langues, mais, dans la chaleur de l'action, il nous arrivait souvent de confondre les têtes et les langues, de nous adresser en allemand à une Espagnole et en italien à une Portugaise.

On aurait bien long à dire, Messieurs, sur tous ces braves pèlerins, sur leurs types si variés et leurs costumes pittoresques ; sur les montagnards de la Catalogne aux profils rudes et énergiques d'anciens guérilleros ; sur les élégantes Espagnoles de Grenade, aux yeux noirs et aux cheveux d'ébène, si belles sous leurs riches mantilles de dentelle ; sur les graves et placides Autrichiennes et leurs majestueuses jupes à bourrelets ; sur les exubérantes Portugaises, bariolées de rouge, de jaune et de vert, qui caquetaient comme des bandes de perruches (1).

(1) Tous les pèlerins, étrangers ou français, se distinguaient par un insigne spécial quelquefois très artistique qui permettait de reconnaître facilement leur nationalité ou leur province d'origine.

Rappelons que l'insigne des Manceaux se composait d'une médaille aux effigies de la Vierge et de Saint Julien, suspendue à un ruban *jaune et blanc*. Ces couleurs *jaune et blanc* sont celles de l'ancien drapeau du régiment des Zouaves Pontificaux ; il semblait qu'en les arborant à Lourdes, les habitants du Mans rendissent un suprême hommage à cet héroïque régiment dont les derniers soldats les défendirent si vaillamment en 1871.

Contentons-nous de constater que tous, en grande majorité, montraient la meilleure bonne volonté et n'opposaient
aucune résistance à nos consignes.

Toutefois, une différence bien amusante distinguait les
hommes et les femmes. Les premiers, — tout au moins les
laïques — de quelque nationalité qu'ils fussent, s'inclinaient
du premier coup. Les secondes avaient toujours quelque
objection à faire, quelque petite faveur à demander. Lorsqu'on la leur refusait, les plus irrespectueuses se dédomma-
geaient par un bien inoffensif jeu de mots : elles nous appe-
laient des *grotesques !*

Mais nous n'avions pas seulement à faire « tourner » français et étrangers, nous avions à les faire avancer, à les empêcher de s'écraser, à protéger les infortunés malades contre
leur curiosité souvent trop indiscrète.

Nous avions aussi à recevoir des montagnes de cierges ; à
faire le service du Bureau de poste de la sainte Vierge, ins-
tallé au fond de la Grotte, dans une infractuosité du rocher où
s'entassaient des monceaux de naïves suppliques ; enfin à
donner la chasse aux âmes trop scrupuleuses qui préten-
daient déballer dans la Grotte des chargements complets de
médailles et de chapelets et faire toucher séparément chaque
médaille, chaque grain de chapelet !

De notre mieux, nous rassurions les consciences, cumu-
lant sans vergogne les fonctions de gendarmes et de théolo-
giens !

Bref, le service était si chargé que nous arrivions à cet
extraordinaire résultat, de ne pouvoir faire d'autre prière,
pendant nos longues heures de garde, que celle-ci : « Circu-
lez, s. v. p., Mesdames ; avancez, Messieurs ; plus vite, je
vous prie. »

Cela m'a attiré, il est vrai, une bien jolie réponse d'un
ecclésiastique corse, fort aimable et fort spirituel. Un jour
qu'en déjeunant avec lui, je déplorais mon impiété involon-
taire, il me riposta : « Ne vous plaignez pas, Monsieur. Le

« jour de l'adoration des mages, assailli de la troupe encom-
« brante de leurs serviteurs et de leurs chameaux, saint Jo-
« seph n'a pas fait d'autre prière, lui aussi, que de répéter
« aux gens et aux bêtes : « Avancez, de grâce ; un peu plus
« vite ! »

Quoi qu'il en soit, je n'ai jamais eu, pour ma part, à répri-
mer dans ces foules innombrables la moindre inconve-
nance. Les touristes les plus incrédules, les automobilistes
du plus dernier genre, se tenaient convenablement dès qu'ils
arrivaient en face de la Grotte. Le dimanche, nous avions
même la patriotique satisfaction d'y voir pénétrer bon nombre de soldats, fantassins ou artilleurs, des garnisons voisines. Ils avaient bien l'air un peu timides, un peu embar-
rassés, ces braves troupiers. Ils n'en faisaient pas moins un
acte de foi très méritoire et pour eux je n'hésitais pas à lever
toutes les consignes.

VIII

En plus du service de la Grotte, les gendarmes de N.-D. de
Lourdes avaient à escorter le Saint-Sacrement dans toutes
les processions et à y maintenir l'ordre.

Or, du 20 août au 19 septembre, les pèlerinages diocésains
et les malades se sont succédé si nombreux qu'à part une
seule journée de pluie diluvienne — celle du jeudi 10 septembre — les grandes processions du Saint-Sacrement et les pro-
c essions aux flambeaux ont eu lieu tous les jours sans excep-
tion comme durant le National. Bien souvent elles ont été
aussi belles, parfois même plus pittoresques, grâce à la présence des étrangers, à la diversité des costumes et des types.

C'est ainsi que j'ai vu défiler tour à tour 39 grands pèlerinages diocésains, dont 25 de nos provinces de France et 14 de
l'étranger.

Parmi ceux qui ont laissé les souvenirs les plus durables
on peut citer les 5.000 Poitevins et les 5.000 Nantais, d'une
discipline parfaite et d'une foi ardente : les 1.500 Lorrains de

Nancy, conduits par leur intrépide général d'avant-garde, Mgr
Turinaz, à l'éloquence si patriotique et si chaude ; le groupe
imposant des 800 hommes de l'Anjou précédé d'une société
de gymnastique en tenue, avec tambours et clairons ; les Normands de Coutances et d'Evreux ; les Bretons de Saint-Brieuc,
les Provenceaux et les belles Arlésiennes — les plus belles
femmes de France — enfin les Messins de Metz qui, à Lourdes
au moins, rentraient pour quelques heures dans la grande
famille française.

J'ai déjà parlé des étrangers, Espagnols, Italiens, Autri-
chiens, Portugais, Luxembourgeois, dont la présence, en
groupes de mille et douze cents, donnait aux pèlerinages de
cette année un caractère cosmopolite des plus curieux : tous
rivalisaient de foi et de piété. Quant aux amis de Belgique, ils
étaient accourus si nombreux qu'ils finissaient par se croire
chez eux et que pour un peu ils nous auraient invités à passer
notre propre frontière.

Ce n'était pas mince affaire, chaque jour à 4 heures, que de
mettre ces masses en mouvement pour la procession du Saint-
Sacrement. De gendarmes, il nous fallait devenir alors chiens
de berger, courant d'un bout à l'autre des files interminables
pour maintenir les rangs, pour faire marcher les uns et arrêter les autres. Nous aurions eu bien besoin, certes, du brave
chien de Bernadette, ce bon *Montagne* qui, lui aussi, a sa
petite place dans l'épopée extraordinaire de Lourdes.

Mais, comme la vue de tous ces peuples, de toutes ces
nationalités acclamant du fond du cœur le Saint-Sacrement
et Notre-Dame de Lourdes, était belle et réconfortante ! Avec
quelle foi répétait-on les invocations faites quelquefois en
trois langues différentes ! Avec quel enthousiasme délirant
saluait-on les heureux privilégiés qui se levaient guéris après
la bénédiction finale !

Le soir, lorsque tous les pèlerins, hommes et femmes, étaient
groupés autour de leurs bannières respectives pour la procession aux flambeaux, lorsqu'ils défilaient en masses com-

pactes devant la Vierge de l'esplanade, toute resplendissante de feux, le spectacle devenait particulièrement suggestif.

Ils passaient, ces bataillons de l'Immaculée, ils passaient, montrant confondus dans leurs rangs de pauvres Bretonnes qui portaient des enfants infirmes sur leur dos, des Portugais et des Normands, des Provençaux et des Espagnols, des Auvergnats et des Italiens. Ils passaient, tous unis dans un même sentiment de foi, saluant amoureusement la Vierge de leurs petits cierges dont les flammes brûlantes reflétaient celles de leurs âmes, chantant tous, dans leur langue respective, le cantique de Lourdes!

Les contrastes étaient saisissants. De charmantes jeunes femmes marchaient à côté de misérables infirmes ; des hommes vigoureux remorquaient tant bien que mal des vieillards déjà courbés vers la tombe ; de saintes religieuses, pour un instant envolées de leurs cloîtres, formaient la file, sans fausse honte, avec d'élégants jeunes gens portant crânement l'uniforme de nos sociétés de sports !

Ils passaient, transportés, étrangers pour un moment à la terre et à ses misères, se comprenant tous, en dépit de la diversité des langues, pour redire d'un même cœur l'*Ave Maria* et le majestueux *Credo*.

Ceux mêmes qui ne prenaient pas part à la procession renforçaient les chants, au passage, en reprenant de pied ferme, comme les fanfares pendant les défilés des troupes : *Ave, Ave Maria !*

Je ne sais si je m'abuse, Messieurs, mais en assistant à ces défilés des bataillons de la Vierge Immaculée, il me semblait avoir une vision très nette de l'Eglise triomphante, alors qu'elle rassemblera ses élus sans distinction d'âges, de sexes ou de nationalités pour les présenter à la Reine des Cieux et les lui offrir à jamais.

Et ces extraordinaires défilés, symboles des joies futures, s'effectuaient non pas dans la triste vallée de Josaphat comme au jugement dernier, mais sur notre chère terre de France, à l'ombre de notre drapeau, qu'au sommet du vieux fort la Vierge Immaculée présentait toujours èt quand même à tous ces étrangers comme son drapeau d'adoption !

Pendant plus d'une heure encore, après la procession, le spectacle se prolongeait, sinon aussi émotionnant, du moins aussi pittoresque.

Chaque peuple, chaque province, entonnait sur l'esplanade ou devant la Grotte son cantique national, rivalisant d'ardeur et de poumons.

Suivant leurs honorables traditions, les Français étaient les plus tapageurs, et je me rappelle notamment le brio merveilleux avec lequel certain soir, un jeune zouave — un vrai zouave d'Afrique — en uniforme et la chéchia sur' l'oreille, dirigea les chœurs ! Sans parler des enragés « *Cathoulis* » de Provence devant lesquels tout devait céder, c'étaient, tour à tour, les Poitevins avec leur refrain si connu : « *Chez nous, dans la Vienne, nous vous aimons tous!* » ; les Bretons répétant sans cesse : « *Nous venons encor, du pays d'Arvor...* » ; les Dauphinois, intrépides à redire : « *Garde les Dauphinois, bonne Mère tutélaire* » ; ou bien encore c'étaient des cantiques patriotiques tels que *la Catholique* du P. Blanchet dont la succès nous rendait fier, et le vigoureux cantique des gens de la Loire : « *Vive la France et gloire à Dieu !* » Grâce au talent de M. l'abbé Pissot, les Manceaux eux aussi avaient *leur* cantique du Cinquantenaire (1).

Malgré les chants délicieux des Italiens, qui de beaucoup méritaient toujours le premier prix, le concert parfois tournait au charivari. De naïfs provinciaux eurent même la bizarre idée de nous amener un trombone Ses mugissements sur les bords du Gave, entre onze heures et minuit, mirent également en fuite anges et démons !

N'importe. La Vierge ne se fâcha point. Elle tint compte à

(1) *Notre-Dame-de-Lourdes, Cantique populaire du Pèlerinage, composé à l'occasion du Cinquantenaire.* Chez l'auteur, rue du Pavé, 77, au Mans.

chacun de ses bonnes intentions et, au milieu des charivaris, ne cessa de faire sentir à tous sa douce présence et sa protection maternelle.

IX

Somme toute, les journées étaient bien remplies et la besogne ne manquait pas.

Cependant, si le temps faisait défaut pour la moindre excursion dans la montagne, nous n'étions pas privés de toutes distractions, et, comme jadis au service du roi de France, on ne s'ennuyait pas au service de Notre-Dame de Lourdes.

Tantôt, on s'échappait clandestinement jusqu'au marché aux chiens ou jusqu'aux vitrines des photographes pour chercher sa tête sur les clichés de la veille, ou bien encore jusqu'aux magasins de Jeanne Abadie et du frère de Bernadette et l'on y faisait de très agréables rencontres (1).

Tantôt, on s'affalait, éreintés, à la terrasse d'un café, et tout en se contant de joyeuses aventures de cantonnement, on y contemplait l'étonnant spectacle de religieuses, de soldats, d'Enfants de Marie en robes blanches, d'automobilistes à têtes de caricatures, de curés, de voyageuses plus ou moins extravagantes et même de nègres, fraternellement attablés dans le plus extraordinaire pêle-mêle.

D'autres fois, pour varier, on donnait un coup de main aux brancardiers, et on recevait à brûle-pourpoint un compliment comme celui que me fit un jour un pauvre paralytique que j'avais aidé à recharger dans sa voiture. Satisfait, paraît-il, de de la manière dont je l'avais manipulé, il me dit en guise de remerciement et du fond du cœur : « Oh ! Monsieur, c'est chic, ça ! »

D'autres fois, enfin, on avait l'amusante surprise de voir un

(1) Nous eûmes le grand plaisir de rencontrer ainsi, chez M. Soubirous, un des amis les plus dévoués de Lourdes, M. le chanoine Justin Rousseil, de Perpignan, le sympathique auteur du beau livre *Les Splendeurs de Lourdes* (Perpignan, Latrol. 1908, in-12).

voleur, qu'emmenaient des brancardiers, pris par la foule pour un « miraculé », ou une respectable Espagnole, de 65 ans, bombarder... de baisers — à bonne distance — un vieux brancardier dont les cheveux blancs et la noble prestance l'avaient éblouie !

Mais, entre toutes, l'une de nos distractions préférées était d'assister, dans la cour de l'hôpital des Sept-Douleurs, à la rentrée triomphale des « guéris ».

C'est un fait de psychologie humaine depuis longtemps reconnu, que les foules, dans leurs joies et leurs enthousiasmes comme dans leurs colères, deviennent facilement féroces. A Lourdes, si on les laissait faire, elles mettraient en pièces les privilégiés de la Vierge. Rien n'est plus curieux dès lors, pour un vieux philosophe, que le retour triomphal des « guéris ».

Sur l'esplanade, dans les rues, hommes et femmes, pèlerins et touristes, croyants et incroyants, tous se précipitent à leur suite pour les voir de près, leur parler et les toucher. Il faut recourir à des ruses de *Peaux-Rouges* pour les faire sortir indemnes du Bureau des Constatations, puis les faire escorter par de forts détachements de brancardiers. Nous-même avons éprouvé plus d'une fois, à la sueur de notre front, que ce n'est pas un mince labeur que de ramener des « guéris ».

Dès qu'on a pu les faire entrer dans la cour de l'hôpital, on s'empresse de fermer les grilles au nez des curieux. Indéfiniment, les plus entêtés restent cramponnés aux barreaux de la grille, comme des fauves aux barreaux d'une cage, la bouche ouverte, les yeux écarquillés, les oreilles dressées. Leurs expressions tragi-comiques étaient parfois fort drôles...

X

« Voir des miracles » est, en effet, pour certains pèlerins de Lourdes, une passion violente ; quelques-uns en sont si avides qu'ils en voient là où il n'y en a pas.

Cette tendance, Messieurs, a des conséquences déplorables

contre lesquelles il est essentiel de réagir avec une extrême énergie.

Il suffit de quelques emballements irréfléchis, de quelques améliorations passagères ou partielles, trop vite transformées en guérisons, pour fournir des armes terribles aux incrédules, pour ébranler la confiance des esprits superficiels et jeter le plus injuste discrédit sur les vraies merveilles de Lourdes.

L'honneur même de la Vierge n'exige pas seulement une grande prudence, une sage réserve dans les appréciations. Elle exige, ce qui n'est nullement impossible, n'en déplaise aux matérialistes, la *démonstration scientifique du miracle*.

C'est à cette démonstration scientifique que doivent tendre, avant tout, les efforts de ceux qui sont sincèrement convaincus, comme nous, de la réalité de certains faits surnaturels accomplis à Lourdes.

Dans une telle question, le nombre des guérisons importe peu. Deux ou trois faits vraiment incontestables, tels que les guérisons de Gabriel Gargam, de Jeanne Tulasne, de Marie Borrel et d'Alliaume, matériellement prouvées, ont une portée bien plus décisive que des milliers d'autres qui seraient tant soit peu contestables (1).

Il y a donc lieu de distinguer avec soin entre les faits dont la presse s'empare si facilement. Il y a lieu, surtout, de faire une chasse impitoyable aux enthousiastes qui préfèrent la quantité à la qualité; à tous ceux qui se laissent entraîner à grossir les faits par de puériles rivalités de provinces ou de nationalités.

Depuis longtemps, d'ailleurs, le danger a été prévu et autant que possible conjuré par la création du Bureau des Constatations que dirige, avec une science si éclairée et une si parfaite honnêteté, l'éminent docteur Boissarie.

(1) Comme exemple des démonstrations scientifiques que nous réclamons, nous sommes heureux de citer le petit livre que M. Georges Bertrin vient de consacrer à la mémorable guérison de Mlle Jeanne Tulasne, de Tours. *Un miracle d'aujourd'hui, Discussion scientifique*, Paris, Lecoffre, 1909, in-12.

Entouré de tous les médecins, croyants ou non, qui veulent bien se joindre à lui, le docteur Boissarie passe scientifiquement au crible, on peut le dire, toutes les guérisons de Lourdes, et les juge avec une rigueur quelquefois déconcertante.

Comme on l'a si bien écrit : « C'est une figure austère jus« qu'à la rudesse quand elle observe ; attirante jusqu'à la « tendresse quand elle sourit. Elle reflète ensemble la science « inflexible et la foi confiante. On y trouve, dans un mélange « harmonieux, le souci délicat d'être parfaitement bon et « l'ardente volonté d'être implacablement juste. »

Les enquêtes du docteur Boissarie se prolongent souvent pendant plusieurs années. Elles sont d'une si scrupuleuse sévérité qu'il a mérité d'être appelé le *Témoin de la Vierge*.

« Je gage, ajoute l'écrivain distingué que nous venons de « citer (1), que si, un jour, la Vierge, auréolée de sa gloire, « nimbée de lumière, vêtue de soleil, entrait au Bureau des « Constatations, il lui demanderait ses titres avant de lui ren« dre les honneurs. Très certainement, il ne se bornerait pas « à lui poser la question de la voyante : « O Madame, dites« moi qui vous êtes et quel est votre nom ? » Il est probable « que la « Dame » serait mise en demeure de montrer son « dossier et de prouver son identité. Sans doute, le chrétien « fervent, à la grande âme croyante, s'inclinerait devant Elle. « Mais le docteur Boissarie, dans son intransigeante volonté « de prouver scientifiquement les surnaturelles manifesta« tions, demeurerait très raide, très fermé, se bornerait à « déclarer courtoisement :

« — Il est bien possible, Madame, que vous soyez la Reine « des Cieux, mais comme je veux en être parfaitement sûr et « démontrer au monde que c'est bien vous, veuillez, je vous « prie, vous asseoir : nous allons commencer l'enquête. »

Le docteur Boissarie et ses excellents collaborateurs sont les auxiliaires vraiment providentiels de Notre-Dame de Lour-

(1) René Gaëll, *Nouvelliste de Bordeaux*, 4 septembre 1908.

des, les meilleurs appuis de ceux qui croient en Elle (1).

On ne saurait trop les encourager à développer de plus en plus leur méthode scientifique ; les aider à munir la clinique de Lourdes des appareils et des instruments les plus perfectionnés, de telle sorte qu'elle ne le cède à aucune autre au point de vue des moyens d'investigation.

Nous voudrions aussi qu'aucun journal, qu'aucune publication catholique, ne se permit de « crier au miracle » avant que le Bureau des Constatations et les médecins compétents ne se soient prononcés sur la guérison.

C'est parce qu'ils ne se sont pas encore prononcés définitivement que nous nous abstenons, Messieurs, d'insister sur le cas de celles qu'un livre récent présente déjà au public comme « les deux guéries du Mans ». Jusqu'ici, cependant, les apparences demeurent favorables et nous serions heureux de pouvoir revendiquer, dès maintenant, pour notre ville du Mans, deux bienfaits signalés de la Vierge Immaculée (2).

Mais nos convictions sur Lourdes sont désormais trop sincères et trop raisonnées pour que nous ne tenions pas à honneur de les appuyer exclusivement sur des faits susceptibles de supporter la critique la plus méticuleuse.

---

(1) On nous permettra de rappeler avec quelque fierté qu'une alliance de famille rattache le Dʳ Boissarie, à notre ville du Mans.

Médecin *manceau* attaché au Bureau des Constatations, en septembre 1908, M. le Dʳ Gougaud, du Mans.

Dans le cours de l'année, 624 médecins ont visité le Bureau.

(2) Dans son livre tout récent sur *Le Pèlerinage National de 1908*, M. Louis Guérin publie en effet, parmi les portraits des guéries, ceux de Mᶫᶫᵉˢ Alice Rollin et Gabrielle Plumecoq, dont l'état se maintient satisfaisant. Mais, par suite de la nature des maladies, leurs médecins ne croient pas devoir délivrer de certificats de guérison avant un certain temps d'épreuve, et le Dʳ Boissarie nous a dit lui-même, à Lourdes, qu'il se réservait de revoir en 1909 Mᶫᶫᵉ Plumecoq. Il serait donc prématuré de se prononcer.

XI

En terminant et comme conclusion, je vous citerai au moins, Messieurs, un de ces faits prodigieux dont j'ai été le témoin privilégié, de mes propres yeux, le vendredi matin 28 août, un fait dans lequel j'ai été pour ainsi dire *figurant*, et sur lequel j'ai pu recueillir moi-même l'opinion du docteur Boissarie.

Ce matin-là, pendant les messes célébrées à la Grotte, nous avions tous remarqué, couchée sur son brancard au premier rang des grands malades, une infortunée jeune fille de 24 ans, littéralement mourante et qui s'appelait Mⁱⁱᵉ Ernestine Guilloteau.

Atteinte depuis plusieurs années, aux termes des certificats médicaux les plus explicites, *d'une tuberculose généralisée, devenue incurable* (1), Ernestine Guilloteau, de Saint-Paul-en-Gatines, dans le département des Deux-Sèvres, était arrivée à Lourdes à la dernière extrémité, avec le pèlerinage du Poitou.

Pendant la nuit, à l'hôpital des Sept-Douleurs, sa mère l'avait crue morte et l'avait pleurée deux heures. Au jour, le médecin belge de service, le docteur Morrot, avait défendu aux brancardiers de l'emporter à la Grotte et lui avait fait une forte injection de morphine pour adoucir la dernière heure.

N'ayant pas le courage, néanmoins, de résister au suprême

(1) *Certificat* du Dᵣ Paul Verrier, de la Faculté de Paris, en date du 15 août 1908 ; *Certificat* du Dᵣ Valla-Brochart, médecin à Thouars, en date du 13 août 1908, publiés intégralement dans *Le Poitou à Lourdes, en 1908*, in-8°. Poitiers, rue du Pont-Neuf, 1.

En 1906, le Dᵣ Collon, de Niort, *spécialiste des maladies nerveuses*, après avoir examiné la malade, avait dit en recevant ses honoraires : « S'il « s'était agi de maladie nerveuse, les frais eussent été doubles. *Mais « elle n'est pas nerveuse, pas le moins du monde* la pauvre enfant. Il « voudrait bien mieux pour elle qu'elle le fût ! »

désir de la malheureuse, qui voulait mourir à la Grotte, les brancardiers nous l'avaient apportée pour la messe du Poitou, marquée ce jour-là — le fait est à noter — par un redoublement de ferveur. Ernestine Guilloteau avait le muguet sur les lèvres et ne pesait plus que 23 kilos ! « C'était un affreux spectre qui n'avait pas l'aspect humain, un grand corps sans chair, anéanti, brisé », que tous contemplaient avec une douloureuse compassion. « *C'était l'agonie, c'était la fin* ».

Neuf heures sonnent.

L'archevêque de Ravenne, Mgr Morganti, termine la messe du pèlerinage italien — la dernière de la matinée — et je suis désigné pour l'escorter, lorsqu'il va emporter le Saint-Sacrement de la Grotte au Rosaire, comme on le fait chaque jour à la fin des messes. Je dois marcher, avec l'*ombrellino*, immédiatement derrière lui.

L'archevêque, d'aspect très sympathique, franchit le seuil de la Grotte.

Attentif à une mission nouvelle pour moi, je lui emboîte le pas aussitôt, et je marche sur ses talons, le plus près possible.

Nous pénétrons dans l'enceinte des malades.

A l'instant précis où passe le Saint-Sacrement, Ernestine Guilloteau se lève subitement de son brancard. Elle se dresse toute droite, *immédiatement contre moi*, à peine vêtue d'un peignoir bleu, et m'emboîte le pas à mon tour !

Au premier moment, la foule, contenue par la présence du Saint-Sacrement et presque épouvantée, demeure muette de stupeur.

Je ne m'aperçois de rien et Mlle Guilloteau me suit toujours comme un cadavre ambulant !

La foule enfin se ressaisit et commence à pousser de sourdes exclamations.

La rumeur me fait tourner la tête. En arrivant près de l'arcade de la rampe du Rosaire, je vois la « guérie » enlevée par le flot, se diriger triomphalement vers le Bureau des Constatations, au chant du *Magnificat*.

Mon saisissement est tel que j'ai bien de la peine à ne pas abandonner mon poste.

Mgr Morganti n'est pas moins ému. Lui aussi ne peut se défendre de tourner la tête et, à chaque marche du Rosaire, je crains qu'il ne tombe avec les Hosties !

La guérison avait été foudroyante.

Comme jadis dans la Judée, le Christ en passant avait dit à la mourante : « Lève-toi et marche ! » et elle s'était levée, et elle avait marché ! Suivant l'expression pittoresque de sa mère : « Elle s'était levée *comme un oiseau qui quitte sa branche* (1) ».

De retour à l'hôpital d'où elle venait de sortir moribonde, Mlle Guilloteau avalait coup sur coup, un potage, du lait, des œufs, du champagne.

Par un privilège tout exceptionnel, dû à la place que j'avais occupée le matin, j'étais admis à la voir un instant avec les médecins... Je n'osai pas lui adresser la parole, ne pouvant encore croire que ce cadavre avait retrouvé la vie !

Le soir, Mlle Guilloteau repartait avec les pèlerins du Poitou, et le docteur Boissarie, après plusieurs examens successifs, disait au Bureau des Constatations : « Ceci, Messieurs, est plus qu'une guérison ; c'est une résurrection (2). »

Fidèle à mes principes de prudence, je n'ai pas voulu, Messieurs, me contenter de cette appréciation. J'ai tenu, avant de vous rappeler ce fait stupéfiant, à connaître l'état exact de de Mlle Guilloteau depuis le 28 août, à savoir d'une manière précise ce qu'elle devenait après six mois, comment elle supportait l'hiver.

(1) Elle-même n'a pu dire comment elle s'était levée, car elle avait les pieds enveloppés dans une couverture qui les maintenait sur une bouillote d'eau chaude.

(2) Les documents relatifs à ce fait, qui a eu un retentissement considérable, sont déjà très nombreux. Parmi les plus intéressants, nous citerons : le *Procès-verbal du Bur. au des Constatations*, des articles de *L'Univers*, 3 et 7 septembre 1908 (M. Colin), du *Roussillon*, 8 septembre (chanoine J. Rousseil), du *Nouvelliste de Bordeaux*, 18 et 25 septembre (René Gaëll. *Celle qui ressuscita...*), enfin la brochure déjà mentionnée : *Le Poitou à Lourdes en 1908.*

En réponse à ma demande, je dois à l'extrême obligeance du curé de Saint-Paul-en-Gatines, M. l'abbé L. Maynard, la lettre suivante, datée du 23 *février* 1909.

« Depuis le retour de Lourdes, la convalescence de Mlle Guil-
« loteau a toujours fait des progrès, malgré le surmenage des
« premiers mois et l'absence totale des règles de la plus élé-
« mentaire prudence, pendant la première semaine surtout
« qui a suivi sa guérison.

« Du 29 août au 17 septembre, son poids de 23 kilos au
« Bureau des Constatations avait augmenté de 5 livres 300.

« Le 30 septembre, elle quittait Saint-Paul pour aller dans
« une maison hospitalière.

« Le 6 octobre, elle m'écrivait : « Me voilà donc installée
« dans mon nouveau domicile où, Dieu merci! j'ai plus de
« calme qu'au Bourgneuf (village de la commune de Saint-
« Paul en Gatines (1). J'ai vu le docteur de l'établissement,
« *il paraît tout bouleversé de ma guérison, le cas lui paraît*
« *très extraordinaire et très intéressant.* Il m'a examinée avec
« beaucoup d'intérêt, tout en me taquinant sur ma maigreur
« et en me faisant causer : « Je ne voudrais pas, disait-il,
« vous ausculter tous les jours, car mes pauvres oreilles n'au-
« raient pas beau jeu à ne s'appuyer que sur des pointes ! »
« Je me nourris très bien, mais je n'ai pas encore retrouvé
« la sensation du goût... »

« Le 22 octobre, j'avais des nouvelles d'Ernestine Guillo-
« teau par sa mère qui était allée la voir. Son poids avait
« encore augmenté de 6 livres 700, ce qui fait un total de 12
« livres, du 29 août au 15 octobre.

« Le 2 novembre, la mère allait encore voir sa fille et la
« ramenait par un beau temps à la maison paternelle. Le
« temps devint si mauvais qu'elle nous resta jusqu'au 11 dé-
« cembre. Elle fut conduite en voiture à la messe à Saint-
« Paul, pour y célébrer la fête de l'Immaculée Conception.

(1) Pendant le seul mois de septembre, la malheureuse avait eu à recevoir plus de 4.000 personnes !

« (Le village du Bourgneuf est à trois kilomètres de l'église).
« Dans son séjour du 2 novembre au 11 décembre à Saint-
« Paul, son poids avait encore augmenté de 8 livres. *Ce n'était*
« *plus le squelette du Bureau des Constatations. Sa figure*
« *s'était remplie, on y voyait la vie, et la jeune fille elle-même*
« *s'occupait à différents travaux de couture, sans éprouver au-*
« *cune fatigue.*

« Le 11 décembre, sa mère la reconduisait à son hospita-
« lière maison. Nombreux sont les médecins qui sont allés la
« voir ; ils n'ont pu que manifester leur étonnement. Ils ne la
« ménageaient pas dans leurs visites. Elle me disait dans une
« lettre du 28 décembre : « Je suis fatiguée en ce moment par
« suite d'une grippe prise à l'examen long et minutieux de
« MM. les docteurs. Tous les jours de la semaine j'en ai eu,
« et jeudi, en ayant eu trois ensemble, je suis restée décou-
« verte pendant trois quarts d'heure. J'ai ressenti là le pre-
« mier refroidissement. Le lendemain, j'ai recommencé pour
« deux autres et cela m'a finie. Je me sens brisée, mais en
« gardant la chambre bien chaudement, j'espère qu'il n'en
« sera rien ».

« Rien de grave, en effet, n'est survenu. *Grippe et malaise*
« *ont totalement disparu.* Je voyais une lettre d'elle à ses
« parents dans la dernière quinzaine de janvier : elle prenait
« chaque jour de nouvelles forces.

« Enfin, *le 12 février*, sa mère est encore allée la voir. A son
« retour, elle me disait : « *Ernestine va aussi bien que pos-*
« *sible !* »

Ces détails, Messieurs, si précis et d'une si évidente sincérité, sont d'une éloquence à laquelle on ne saurait rien ajouter. Non seulement le cadavre ambulant du 28 août a bien
repris vie, mais il est désormais assez bien ressuscité pour
résister victorieusement à l'épreuve d'une grippe, pernicieuse
pour beaucoup de bien portants (1).

(1) Nous ne saurions trop remercier M. le curé de Saint-Paul-en-Gas-
tines, d'avoir bien voulu prendre la peine, malgré les nombreuses deman-

L'archevêque de Ravenne, lui aussi, paraît-il, n'a point oublié Mlle Guilloteau et il suit sa convalescence avec un extrême intérêt. On dit qu'aussitôt de retour en Italie il est allé raconter au Pape tous les détails de l'événement: je le crois sans peine. Pour moi, je reste très fier que ma présence si rapprochée n'ait pas empêché le « miracle ! »

XII

Par ces circonstances exceptionnelles, en effet, la guérison de Mlle Guilloteau apparaît *jusqu'ici* comme le grand « miracle » de l'année du Cinquantenaire (1).

Une fois de plus, elle démontre la prédilection de la Vierge pour les petits, pour les pauvres, pour les humbles, car Ernestine Guilloteau n'est point une grande dame : c'est une modeste femme de chambre.

A Lourdes, il importe de le remarquer d'ailleurs, d'une manière générale, la grande majorité des guérisons ne se produisent pas en faveur des malades riches, mais bien en faveur des malades pauvres, des travailleurs qui ont leur vie à gagner. C'est évidemment pour eux que la Vierge Immaculée garde toutes ses préférences, et c'est justice !

Plus encore, Messieurs, il importe de remarquer que les guérisons, si nombreuses et si frappantes qu'elles soient, ne sont que l'accessoire, que le moyen matériel d'ouvrir les yeux et les cœurs, de gagner les âmes et d'y faire revivre la foi, seul but vraiment digne de la Vierge.

Il en résulte que les motifs des guérisons, toujours liés à des considérations d'ordre spirituel, demeurent impossibles à

des dont il est assailli, de nous envoyer des renseignements si précis et si détaillés. Sa meilleure récompense sera de contribuer ainsi à accroître la confiance en Notre-Dame-de-Lourdes.

(1) Nous en avons vu bien d'autres pendant notre séjour à Lourdes, notamment le 9 septembre, la belle guérison de Mlle Henriette Hauton de Lisieux, qui, elle aussi a fait grand bruit. Mais si décharnée qu'elle fût, Mlle Hauton conservait encore quelque apparence humaine, tandis que Mlle Guilloteau était réellement un spectre, un cadavre ambulant !

déterminer humainement. Des malades d'une foi admirable ne seront jamais guéris, alors que des incroyants le sont du premier coup, presque malgré eux !

En tout cas, à moins d'un parti pris irréductible 'ou d'une connaissance insuffisante des faits, il n'est plus permiş d'ignorer ou de dédaigner Lourdes.

Le temps est loin où des catholiques sincères se croyaient en droit d'en discuter les merveilles; plus loin encore, où la Franc-Maçonnerie croyait pouvoir en expliquer l'origine par l'histoire calomnieuse d'une belle dame et d'un jeune officier. Ceux qui, maintenant, se hasardent à reproduire cette niaiserie, se font tout simplement considérer comme des imbéciles (1).

Aujourd'hui, qu'on le veuille ou non, Lourdes est un des événements de l'histoire contemporaine, et le pèlerinage a pris un caractère *cosmopolite*.

Ce caractère cosmopolite s'est même accentué de telle manière pendant l'année du Cinquantenaire, et les intérêts matériels engagés se sont développés dans de telles proportions qu'il est trop tard, désormais, pour arrêter le mouvement sans courir le risque, non seulement de protestations internationales, mais d'un sérieux bouleversement économique dans la région.

Or, Messieurs, quand en face de ces résultats prodigieux, de cette puissance irrésistible qui attire de tous les pays du monde vers les roches Massabielle des millions d'âmes, on évoque la chétive figure de la pauvre petite Bernadette et le peu d'importance de Lourdes il y a cinquante ans, la raison humaine reste confondue.

Cette disproportion déconcertante entre les moyens

(1) La mésaventure arrivait il y a quelques semaines au *Journal Fléchois*, qui, arriéré de plusieurs siècles, avait encore reproduit l'histoire de la belle dame dont la fausseté est désormais prouvée par les registres mêmes de l'Etat Civil de Lourdes. V. *Le Pays Sarthois* du 25 oct. 1908.

employés et les résultats produits est plus significative encore que toutes les guérisons.

Elle ne peut être l'œuvre des hommes (1).

C'est, pour tout esprit non prévenu, la signature ordinaire de Dieu, la preuve manifeste d'une intervention surnaturelle.

(1) Actuellement, le dernier mot de la Maçonnerie est de présenter Lourdes comme « la plus habile mystification » qu'ait jamais organisée le clergé. Il serait vraiment étrange que si le clergé était assez habile et asez puissant pour organiser une *mystification de cette envergure*, il ne réservât pas plutôt son habileté et ses ressources pour se défendre contre les spoliations dont il est chaque jour victime. Il ne serait pas moins étrange, qu'au milieu de notre société contemporaine si instruite, il se rencontrât encore tant de *millions* de... naïfs, capables de se laisser prendre, après *cinquante ans*, à une vulgaire « mystification ! » Pour l'honneur de la raison humaine, il est à souhaiter que les adversaires de nos croyances trouvent au moins une autre explication...

www.ingramcontent.com/pod-product-compliance
Ingram Content Group UK Ltd.
Pitfield, Milton Keynes, MK11 3LW, UK
UKHW021503090726
13657UKWH00003B/1500